建築家とは 1

永田祐三の直観力

永田祐三

建築ジャーナル

瑞雲庵

二〇〇五年

神奈川県足柄下郡箱根町

用途　別荘

敷地選びからかかわった。

正面には富士山。水はけのいい、明るいさらさらっとした場所である。

斜面地に建つ民家が列車の窓から見えるさまをイメージした。

プラザを囲んでいくつも棟がある計画から出発し、

居間とテラスを中心に部屋を配する形に変わっていった。

アプローチ。斜面を吹き上げるすがすがしい風が通り抜けていく。
和室とテラスの向こうに見えるモミジは既存を生かした。

居間と広い木製テラスは
民家の中庭をイメージした。

外壁はヒバの下見板張り。
居間の壁は中世イタリアのハム工場の
煉瓦をスライスしたもの。
斜面から吹き上げる風が居間を通り抜け、
天気のいい日は窓を開け放して屋外にいるようだ。

木造の利点を生かし、自由に空間をとり、
順々に屋根をかけていった結果、
面の多い形となった。

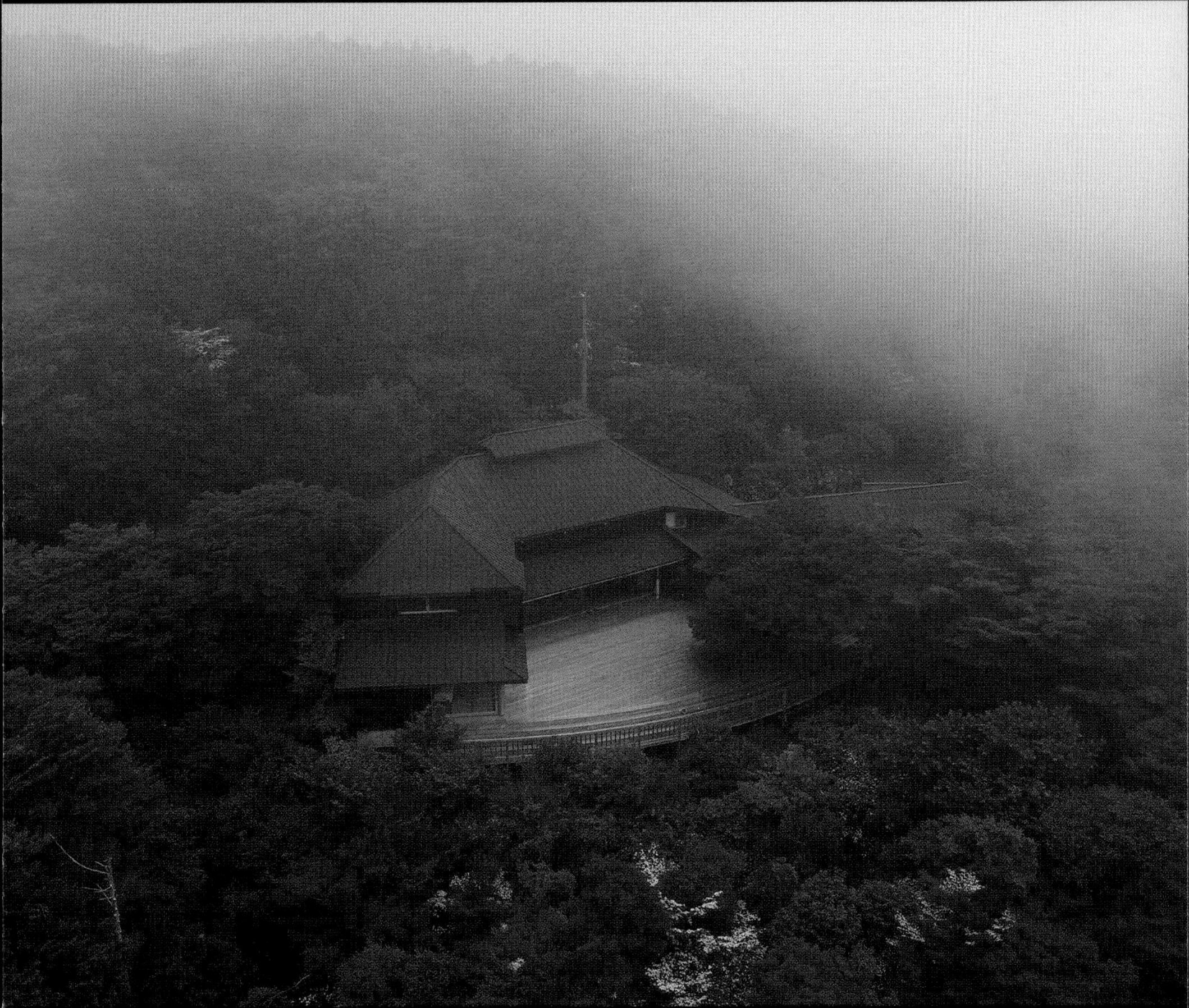

昔の農家にも、紫禁城にもある広場の形。
複雑な屋根は、紙の模型をつくって検討していった。

目次

エッセイ　63

写真――井上 玄
［帯・P2–8］「瑞雲庵」
［カバー袖］永田祐三近影

スケッチ――永田祐三

インタビュー
永田祐三の直観力

第一章

原風景と学生時代

1941–1965

小学生で住宅模型をつくる家族で音楽に親しむ

一九四一年、大阪府池田市で生まれました。親父はサラリーマンで三越に勤めていて、母親は専業主婦です。

原風景いうても、大した記憶はないですよ。でも、今も頭の中にあるのは疎開です。一九四四年の年末ごろ。鳥取県西伯郡大高村(現・米子市)に母方の実家があってそこに疎開しました。当時三歳くらいですかね。母親の背中におぶわれて、鉛色の空から白い雪がばーっとふってくるのを見ていた。米子駅から歩いたのではないかな。途中でバスが来て乗せてくれた。バスは停留所でなくても停まってくれる、そんな時代ですよ。

雪の深いところですから。近所の若い男たちが雪で山をつくってそりで遊ばせてくれたのを覚えています。裏庭を出るとずーっと平原で、ススキが生えていて、裏に川があって、ぱっと開けて断崖みたいな場所に出るようなところだった。

母が大阪に来たのは、相場師をしていたお兄さんが穀物相場で負けて、鳥取の家や何もかも競売に出されてしまったからだと聞いています。母は、畳もふすまも全部持っていかれたと言っていたね。それが戦前の話。

疎開はそんなに長い間ではなかったですね。幼稚園からは豊中にいましたので。空襲そのものは覚えていない。竹中工務店時代に播州信用金庫のセンターを設計することになって、その理事長さんに「焼夷弾の落ちてくる夜空は本当に美しかった」と聞いて、そういうものなのかと思った。焼け跡の記憶もないですね。覚えているのは戦争で残ったガスビルです。

母の話によると、おじいさんは雑賀大五郎という人で、村の庄屋さんみたいなことをしていた。彼は普請道楽だったらしい。農繁期の一番忙しい時に風呂場を庭に増築して、それで相撲取りを呼び庭で相撲をとらせて、風呂に入りながら鑑賞していたそうです。得手勝手な人だったと、母はよく言っていました。

小学校三、四年生の頃に『少年朝日年鑑』という本があったんですよ。そこにル・コルビュジエのユニテダビタシオンのドローイングが載っていて、それを見たときにこれはかっこええなと思ったのを覚えています。そのページにはほかにも、バックミンスター・フラーの「ダイマクション・ハウス」が出ていました。それで夏休みの宿題で家の模型をつくったろう思ってね。型枠をつくって石膏を流し込んで夏休み中つくっていました。あんまり熱中しすぎておできができて病気になって休んだのを覚えているね。中高通じて建築家になりたいなとずっと思っていた。

僕は、長女、長男、次男、四人兄弟の末っ子です。祐三の「三」というのは三男の意味もあるけれど「助け」という意味もある。祐は「天」、天の助けがないとこの子は育たないという意味らしいです。いわゆる中産のサラリーマンが住んでいる住宅地に住んでいました。ただ普通にぼんやりと生きてきた。両親の教育方針は特になかった

大学生時代の社寺見学
前列左から二番目が永田祐三

なあ。長女が音痴だったのを母が気に病んでピアノ習わせたというのはありましたけれどね。それでピアノは兄弟みんなが習うことになった。

子どもの頃は父が働いていた三越に遊びに行くのが休日のお決まりのコースでした。梅田に阪急航空ビルがあって、そこでニュース映画がかかっていて、間にアニメが流れるんですよ。それを見るのが楽しみでした。

父は新しいもの好きの人で、父が読んでいた『TIME』誌が家にあって、アメリカって格好いいなと絵本代わりに見ていたね。

家にあったマグナボックスも父が買ったもので、SPレコードをかけて砂の流れるような音を楽しんでいました。中学の夏休みに、制作したステレオで兄のレコードを兄に黙って恐る恐るかけたのを覚えています。サンソン・フランソワというピアニストが演奏するショパンでした。それを聴いた時に音楽は素晴らしいなと心から感動しました。ショパンは今でも好きです。その後に、大阪の体育館でチェコフィルハーモニーの演奏を聴いてね。本物はいい音しているなと思った。兄はフェスティバルホールで、末っ子の僕は体育館の安いチケットですよ。ティンパニーのすぐ後ろで、腹の中にだーんと響くけどピアノは聞こえてこないような席でしたね。ガスビルホールにも、アルフレッド・コルトーというピアニストの演奏を聴きに行ったことがあります。当時の御堂筋のイチョウ並木はまだひょろっとした若木で、さびれたまちやなと思った記憶がある。ガスビルだけが戦争で焼けずにぽんと残っていたんだと思います。北浜には市電が通っていた。

いい音楽を聴いたら、私の考えている音響装置を完成させたくなった。昔のラジオのセットはコントラバスやなにかの低い音が出ないので、低音がきれいに出る装置を目指しました。

一番上の兄がラジオを組み立てるのを見て、自分でもオーディオを自作するようになり、製作は大学まで続いた。シャーシに真空管やトランス用の穴を開けたり、材料を買って組み立ててアンプをつくったり、そういうことをずっとしていましたね。大学三年生のときに、自作のコンソール型の音響装置で毎日デザイン賞のスポンサー賞をもらいました。スピーカーのボックスから設計して、プレーヤーも自作。かなり特殊なもんをつくった。スポンサーいうのは蓄音機を出していた松下かなんかだと思うんですけど。東京の毎日新聞に完成模型を提出するのに、汽車で東京まで運んだのを覚えています。

自作の音響装置はあんまり音がでかいので、部屋ではなくて庭で聴いていました。「あのドラ息子が帰ってきている」って向かいのおじいさんが怒っていたらしいね。

壮大なスケールの卒業設計ゼミは設備設計

建築をしようと思ったら大学に行かなくては駄目だと、上の兄から言われた。京都工芸繊維大学は、中学時代からの友人が通っていてとてもいいと薦められたので、浪人をして入りました。大学時代は、衣笠山のふもとに下宿していました。大学から歩いてすぐで、京都の農家。そこのおばさんが大学の食堂で働いていた縁だった。ほかの友達も同じ街道沿いの民家に下宿していた。朝になると誰かが街道から走り始めて、どんどんみんな合流していって、体力つけなあかんと宝ヶ池の周りを走っていました。

東京オリンピックで、マラソンのアベベがすごいスピードで金メダルをとったのが、多分その頃だったと思うんです。それでアベベと同じスピードで走るには池の周りを何分で走らなくてはならないと計算したけれど、それはほとんど不可能に近かったですね。世界にはそんな早い人がおるんやなと。一周七キロメートルを三周くらい走って、そこから授業を受けに行っていました。

学長は建築家の大倉三郎❖1でした。最初の講義はこの大倉さん。紳士的な人でしたね。次に教わったのが、建築計画の白石博三❖2教授。みんなパクさんて呼んでいた。授業内容はまったく覚えていないですが、設計課題でレタリングをしたのは覚えています。オットー・ワーグナーの標語〈Artis sola domina necessitas〉(芸術は必要にのみ従う)をオールドローマン書体で描く。烏口で描くのはなかなか難しいんです。ほかにコミュニティセンターみたいな課題があったなあ。あとは、ベートーベンのデスマスクとかの石膏デッサン。入試の時には、受験生に菊かなんかの花が配られてデッサンする実技がありましたよ。

本来の建築教育を進めたいと、白石教授にはそういう信念があったのではないですか。文部省からは工芸繊維というのはややこしいから、京都大学と一緒にしてしまえと再三言われていたらしいですが、頑として突っぱねていたと聞きました。デザインを主軸に生きるんだというのは学生たちにも浸透していたと思いますよ。

僕の卒業設計は「芸術大学」で、大きな大学を工繊大の敷地に建て直して広げていくという計画でしたが、敷地が広すぎてなかなか図面が完成しなかった。たくさんの人に手伝ってもらってなんとか図面を完成させたのだと思います。白石教授にも「能力というものには限度がある」と言われてしまいましたね。そのときには竹中工務店への入社は決まっていたから何とかして卒業できないとまずいことになると必死だった。

❖1 大倉三郎(おおくら・さぶろう)…建築家。一九〇〇—一九八三年

❖2 白石博三(しらいし・ひろぞう)…建築学・工学博士。一九一五—二〇〇三年

ゼミは、設備設計の石原正雄先生のところに入りました。アメリカの、太陽から熱が来てそれがどうやって地球に伝わっていくかという、そういう論文を英語で読んでいました。太陽熱がどういうものか、それを冷やすにはどうするかという原論的な話です。建築のデザインはまあほかのやつよりはできるやろと思っていたので、設備を勉強しとかなよくないなと思っていた。今でも、設備というのはどんどんどんどん進化していくので、いつでも取り外し、取り換えができるように設計されてないといかんと思っています。パリで初めてポンピドゥーセンターを見たときに、設備が全部外についていて、これはすごいなあと思った。

第二章

竹中工務店時代

1965–1985

竹中工務店に入社 深江竹友寮に暮らす

そのころ、前川國男建築設計事務所、村野建築事務所、日建設計が花形の職場でした。とりあえず日建設計に入社しようと考え、夏休みの実習で日建設計に行きました。村野事務所も気になっていたので、父の知り合いの関西デザイン協会(DAS)会長のところにどんな事務所か聞きに行ったのです。その人に前川事務所はたぶん月給は三千五百円くらいで、村野さんというのは教育者ではありません、と言われて。そうすると、あとは日建か竹中だったんですよ。

講師に竹中の取締役であった小川正という人がいました。その人がアメリカによく出張していて、アメリカの現代建築という講座をやっていた。いつも白いボディに赤いシートのフォードタウナスというドイツ車に乗っていらしてモダンだった。それでこの会社いいんちゃうかと。給料もよかった。そのころ僕らに提示されていた竹中の月給は二万五千円。それで竹中に決めました。

当時は、教授が担当学生をもっていて、各業界に振り分けていくようなシステムだったので、三年生の終わりには就職先は決まっていました。落ちることはまずないわけです。ところが僕は面接のときの態度が悪かったと一回落とされたんです。六月だったので、学生服を着て行かなかったのが悪かったみたいです。竹中の岩本博行[3]さんが学生の製図を大学から預かって

❖3　岩本博行(いわもと・ひろゆき)…建築家。一九一三—一九九一年

会社に提出するんですね。僕のはどの図面だったのかわからないけれど、岩本さんにはよく評価してもらったみたいです。小川さんや岩本さんが説得してくれたのか、二次面接に進めてやるから次は学生服で来いよ、とお許しを得た。入社してしばらくして社員食堂で「面接の一件で、みんなが君の名前を入社前から覚えているから得したな」と当時の神谷専務に声をかけられました。

竹中に入社したのは一九六五年です。初めの一年間は寮に入らなければならなかった。神戸にある深江竹友寮に入りました。でも、実家の豊中に帰った方が近かったので外泊ばかりしていて、寮生活はまったく馴染まなかった。寮では習字の時間があったりしましたね。君は大阪の人間だから東京から来た新入社員に大阪を案内してやれと言われ、引率したこともある。

結婚したのは一九六六年です。妻は、同じ京都工繊の工業デザイン学科で学生時代に出会いました。ダイハツで自動車のデザインをしていた。僕が描いた方がうまいですけどね。実は、毎日デザイン賞のスポンサー賞をいただいたコンソール型のステレオのデザインはかみさんとの共作です。

初めて担当した「鷹岡ビル」SDRに所属

最初に配属されたのは花房文一郎設計課長のグループです。花房さんは東京の国立劇場・実施設計の設計長だった人です。僕は、小さい敷地のワンスパンビルばかり担当していました。坪単価が十八万円くらい。十九万円だったらちょっと上等ですね。

花房さんの下で入社一年目に初めて担当したのが、「鷹岡ビル」(一九六八年)というオフィスビルです。鷹岡というのは船場の洋服の生地屋さん。戦後焼け残った建物をビルに建て替える計画でした。丁稚のための寮も中に入っています。階段とエレベーターとをどうやってこの狭い敷地に入れるかが課題でした。外壁は岩本博行好みの茶色のタイルにして、正面から見ると四角い窓がぽつぽつと開いている。ビルの内側に倒れてきて掃除がしやすいエルミン窓を採用したのですが、これが手前に倒すとサッシの一部が建物の敷地から出てしまう。夜中悩んで次の日に役所までに聞きに行ったら、窓を開けなくても空調が効いているならOKだと言われてほっとしたね。冷や汗かきましたよ。鷹岡ビルが出来た打ち上げで飲み過ぎて、人生で初めて酒で吐きました。

竹中には指導役という人がいて、竣工した物件を見て回る。もう出来上がっている状態で、石の見方や、階段の手すりはこうするんだとかこうしたらもっと軽やかになるからとか指導される。岩本さんは承認係でした。岩本さんの許可がもらえなければプロジェクトが進まない。図面に岩本の承認印が押されれば、今までやってきたものが成功したということになる。大ベテランにもやり直しをさせていたね。「お前ヒューマニズムの建築とか言ってだね、階段も上がりやすく下りやすくないと駄目やろ」「構造不合理なんちゃうか」「空調どこから風くんねん」とか、設備や構造の重役でもお構いなしに言っていた。たとえその日の夕方にクライアントと打ち合わせでも、承認が下りなければ約束を延期してやり直さなきゃならなかった。

アメリカへ行く直前はSDR(スペシャルデザインルーム)という竹中のビッグプロジェクトをイメージする部屋にいました。「阪急三番街」(一九六九年)、京阪くずはモール街(一九七二年)、南海難波の再開発など難しい設計をかかえていました。例えば、松下幸之助はこういう人だからこういうデザインでといった、当時次長だった北村隆夫のイメージを形にしたり。残業時間もひどかった。

渡米、SOMへ 永遠のものをつくる工業力

SOM（Skidmore, Owings & Merrill LLP）[4]への派遣は入社十年目の一九七五年。突然の辞令でした。岩本博行さんが常務会から帰ってきて「おーい永田君、君アメリカいくことになったぞ」と。一年間の期限でした。設計部の次長がSOMに行ったことがあって、常務会で「永田君を派遣すべきだ」と決定された。

岩本さんが「アメリカ行くのはいいけれど日本のええもん見とかなあかんぞ。アメリカに行ったことのない大工が最高の建築を実現しているのだから」と、茶道の裏千家の千宗室のところへ連れて行かれました。宗室のお母さんが出てこられ「私は脳梗塞になったけどお茶飲んで完全によくなりましたよ」と言われたのを覚えています。岩本さんいわく「アメリカいくよりも宗室さんの草履取りでもした方がよっぽど勉強になる」だそうです。裏千家のお茶席にも出ました。

竹中はハワイに出張所があったので、まずハワイへ。初めて飛行機に乗った。ハワイ島が見えてきたときに、日本はこんなところまで戦争で攻めにいったのかと感動しました。ハワイには一、二週間いて、レディファーストやらのアメリカの生活になれるように準備しました。サンフランシスコでは、チャイナタウンの真ん前にあるボードインホテルという風呂付き

❖4 Skidmore, Owings & Merrill LLP（SOM）…一九三六年にシカゴで発足したアメリカ合衆国最大級の建築、インテリアデザイン、エンジニアリング、都市計画事務所

のマンションに入って、そこからスタートしました。きちっと背広を着て行ったら、リラックス、リラックスと。言葉がなかなかしゃべれないから、緊張しましたね。英語はアメリカ行きまでの半年間に勉強した。そのころ安藤忠雄さんと親しくしていて、彼の奥さんの知り合いのイギリス人のところに習いに行って一生懸命に勉強していました。そのイギリス人は美術系のことを勉強していたから、話せなくても雰囲気でなんとなく習得してしまって、本当の英語の勉強にはならへんかったね。でも、現地に三カ月くらいいるとふとわかるようになるんですよ。まあ製図は言葉使いませんから、図面で会話ができるので仕事は成立します。

当時のSOMは、ウォルター・ネッチュ[5]がシカゴ、ゴードン・バンシャフト[6]がニューヨークを仕切っていました。ナサニエル・オーウィングズ[7]も当時健在で、カリフォルニアのビックサーにある別荘にいた。オーウィングスがSOMの歴史について書いた『THE SPACES IN BETWEEN』という本を彼からもらいました。

給料は竹中から出ていた。留学手当もついて、ボーナスももらえた。SOMから残業代出すと言われたけれどもらってはいけないと会社から言われていたので断った。研修生はイギリスから一人、チェコやペルーからも来ていました。

チャック・バセットが設計した「マウナケアビーチホテル」(一九六五年)の増築計画では、アイソメトリックを描いて、模型をつくりました。模型をつくって徹夜したときには、オフィスに誰もいないので、アルコアビル七階を占拠したような錯覚を覚えましたね。

SOMにはデザイン部門とプロダクション(製作)と、設備と構造の部門がある。製作部門では家具の設計もしていました。リーバイ・ストラウスの本社が、ジョン・ポートマンが設計したエンバーカデロ・センターというビルに入ることになった。リーバイスは、軍服だけではなし

❖5 Walter Netsch …建築家。一九二〇—二〇〇八年

❖6 Gordon Bunshaft …建築家。一九〇九—一九九〇年

❖7 Nathaniel Owings …建築家。一九〇三—一九八四年

にファッションブランドとして売り出そうという勢いがありました。

役員会議室の家具を担当して、テーブルを設計しました。初めは天板を石で考えていたのですが、石屋に呼ばれて、粗雑なつくりのビルでこれでは重くって床が抜けると言われてしまった。荷重を分散するためにキノコ状の形にし、側面をステンレスの本磨きにすれば石の板が浮いているようになると考えました。結果的には天板は木造になったのですが、そのステンレスは厚さが五ミリくらいあって、アメリカとの工業力の差を感じてびっくりしました。ものをつくるときのお金のかけ方も全然違う。しょーもないビルでも、坪単価で言ったら日本の三倍くらい。永遠のものをつくってるゆう感じがしたね。

仕事以外で面白かったのはメキシコへの旅行。カリブ海に面したトゥルム遺跡はすごかった。バークレーの大学を出て設計事務所に勤めていた石田君という友達とよう遊んでいました。MGかなんかのスポーツカーに乗っけてもらってドライブした。お兄さんが竹中育成会の奨学金をもらっていて、社長の竹中錬一さんからその弟の石田君を紹介してもらい仲良くなったんです。

一年の期限と言われていたので、予定通り素直に一九七六年に帰ってきたら、SOM行きを決めた人に「日本は不景気なのになんで帰ってきたんだ?」って怒られた。

岩本博行の哲学
直観的設計手法の目覚め

日本に帰ってから、「ロンシャン第二ビル」（一九七六年）を設計しました。岩本博行さんが気に入ってくれて、村井修さんに写真を撮ってもらって『新建築』（一九七七年六月号）に載せた。雑誌デビュー作なんかな。ロンシャンは呉服から始まった繊維総合商社です。横を新幹線が通っているから、音がうるさくないようにすることと、新幹線から見えることを意識して設計しました。最初のスケッチがそのまま採用された。基本的なことは全部守りつつ、彫刻的につくっています。

自分の好きな形やデザインを実現したいと思っていました。流行に敏感な方だったからね。雑誌に載っている西洋建築の先輩らの建築を見ることが、設計の原動力になっていた。リチャード・マイヤーが出てくるころで、ル・コルビュジエのあっさり風の建築とかも出ていた。雑誌に載っていても岩本さんの哲学に合わんとか、これはいかんなというのももちろんありました。岩本さんの哲学とは日本的なもの、瓦や土壁の精神です。たとえば、大阪で食事しながら窓の外を見て、「あの蔵の白い壁は景色になって綺麗やろ」と、そういうような教え方が体に染みついていくんですね。自分的に岩本理論とあんまりちゃうもんやったらあかんと制御がきくんです。竹中を出てからも尾を引いていますね。

「有馬邸」（一九七七年）は、大阪ガスのバルブをつくっている会社の方からきた仕事です。敷地が、南の方の雑多な場所だったので、周りの景色から守るような真四角な綺麗な箱をつくりました。窓がほ

とんどありませんが、天窓から光が入るので明るい。ニューヨーク近代美術館フィルムライブラリーの永久保存作品に選出されました。これは、日本の建築をフィルムでアーカイブするという趣旨です。

松蔭学院は中学校などを竹中でずっと設計してきました。担当した「神戸松蔭女子学院大学　六甲キャンパス」(一九八一年)のデッサンは、西部劇に出てくるような平屋が連なってまちが出来ているイメージでした。カリフォルニアにチャールズ・ムーアが設計した「シーランチ・コンドミニアム」というのがあって、ああいった建物群にしようと。屋根をかけたのもウエスタンのイメージで全部統一していたからです。厚みがしっかりある煉瓦にしたいと思って、スクラッチタイルにしました。京都工芸繊維大学の校舎で同じようなスクラッチタイルを使っていたんです。タイルは志野陶石さんにお願いしました。当時、無名の会社だったけれど担当者に意欲があったね。INAXが隣にあるのにどうして使わないんだと会社には不審がられましたけれどね。

「長瀬産業本社ビル」の新館(一九八二年)を設計しました。一九二八年に建てられた旧館の改修もしています。戦争で残ったのはこれだけなんですよ。内部は近代化しつつ、古いものを残してそこに加えていくというのは社長の考え方です。ところが総務部なんかはこれを嫌がる。総務部長なんかは、もっと大きく広く事務所をとりたい

神戸松蔭女子学院大学　六甲キャンパス
イメージスケッチ

神戸松蔭女子学院大学　六甲キャンパス
イメージスケッチ

から全部新築したいという考えだったようですが、社長には会社を自分たちの世代で守って来たという想いがあったのでしょう。

「パリ・バスティーユオペラ座国際コンペ」（一九八二年）は、三国さんという部長と一緒に部長名義で応募しました。松蔭女学校の先生が要綱のフランス語を訳してくれました。社内の精鋭チーム二十人くらいで、三カ月くらいかけて取り組みました。国際コンペで勝って社名を上げたいという会社の考えがあった。結果はカルロス・オットーが選ばれた。ぼくらは入選で二等か、三等かくらいだったと思います。パリのパレ・ド・トーキョーに模型が展示されました。入選の通知も読まれへんから国際事業部に持っていって訳してもらいました。

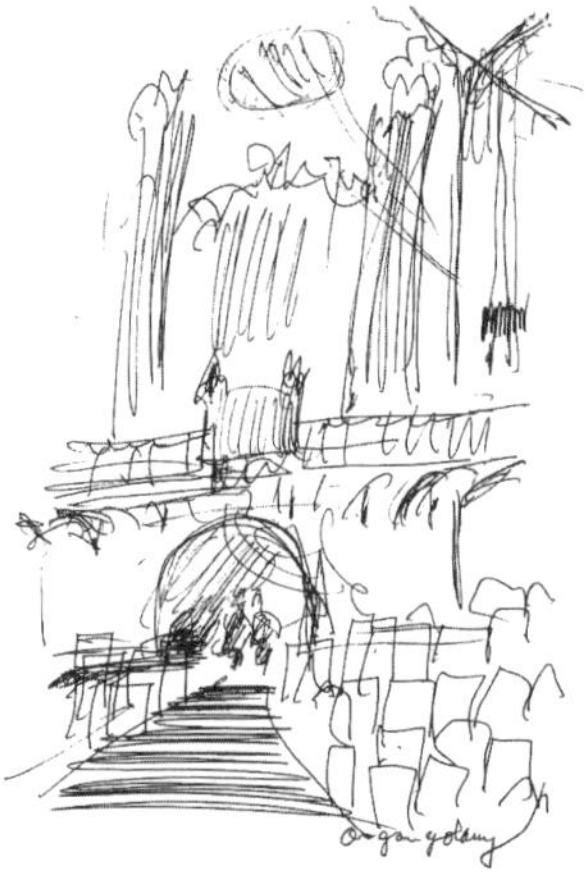

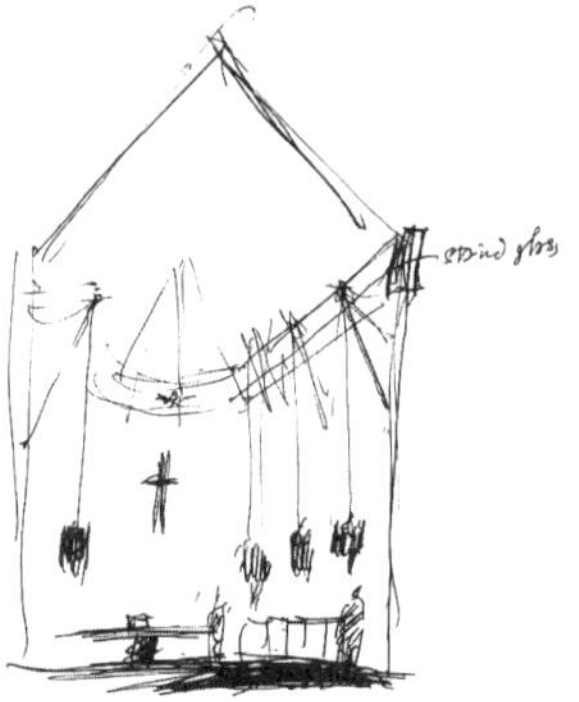

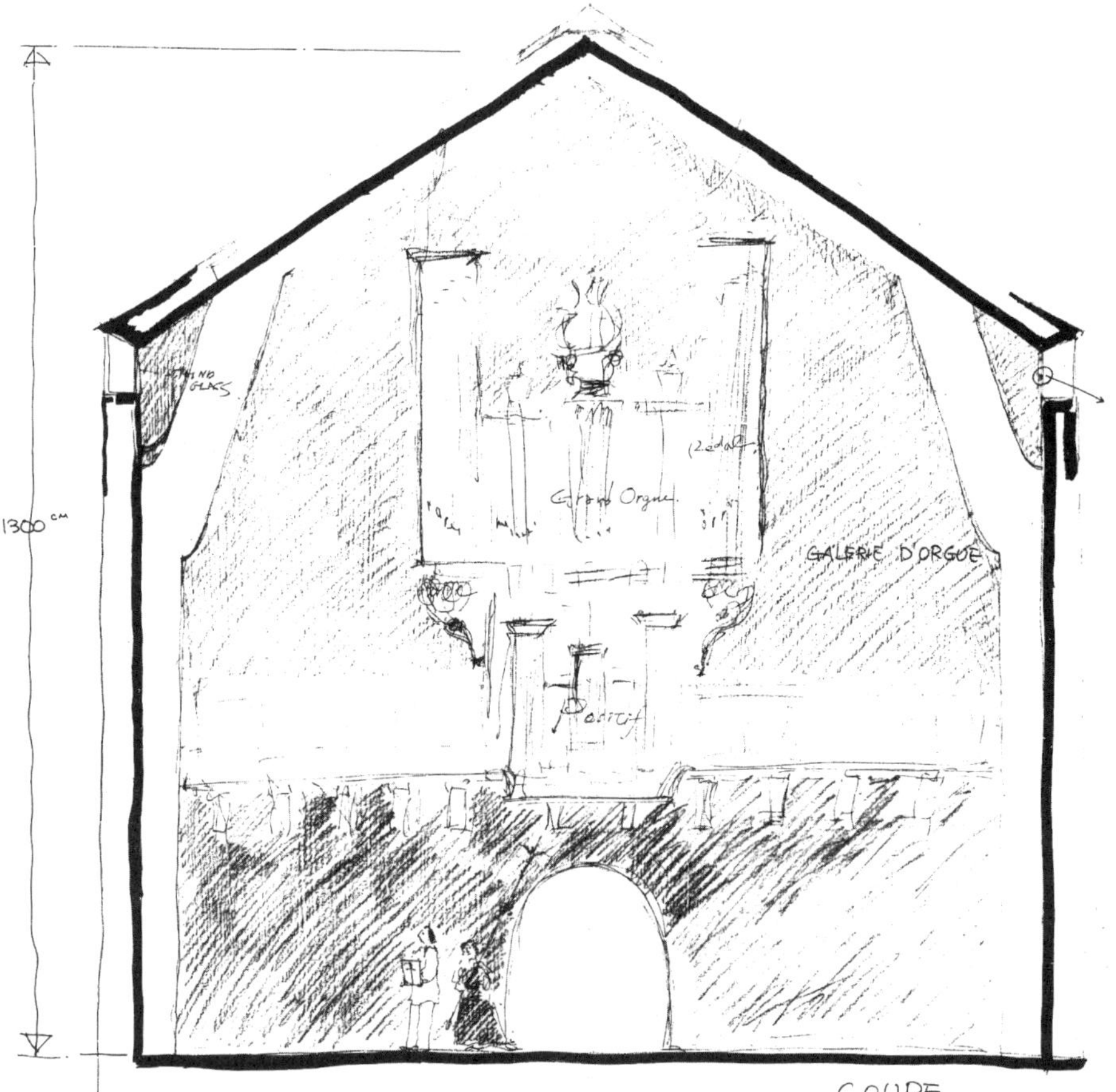

神戸松蔭女子学院大学 六甲キャンパス
チャペルのイメージスケッチ

「三基商事 東京支店」（一九八五年）は、渋谷に今もあります。ミキプルーンで知られる健康食品の会社の東京支店ビルで、竹中時代の最後の仕事です。『新建築』の月評で黒川紀章さんが「永田祐三は組織にいるべき建築家ではない」と書いてくれて、その時にはこれが終わったら辞めようと決意していました。ちょうどメキシコに旅行してテオティワカンの遺跡などを見た後だったからそのイメージがあったんでしょうね。

研修のための建物なので、決まりごとはあまりなく、自由にできた。外壁タイルは、二つに割った面を見せた割肌タイル。壁構造で柱がなく、外壁とスラブだけで持っている。最先端のコンピュータ解析をし、実験をして大臣認定をとりました。担当の構造課長は大変優秀な人でしたが、一九九五年の阪神大震災の後、過労からか、自殺してしまいました。当時の門田敏量社長は、建築好きで、小柄な方でしたが、どんどん現場の上に登っていく。ついて行けなかった思い出があります。

三基商事　東京支店
メキシコ・ウシュマルのピラミッドのイメージ

第三章

永田・北野建築研究所 1985–2007
永田建築研究所 2007–

自邸 そして、独立

「河内長野の家」（一九八二年）は竹中時代に設計しました。松蔭女子学院大学のすぐ後くらいだと思います。竹中と東海銀行が一緒に開発した分譲地があって、一度買われたけどキャンセルされた土地が友達づてに回ってきたんです。よくある分譲地です。土地を見に行ったけど、遠いし更地だからキャンプ場にきたみたいな感じだった。

メンテナンスがなるべくいらなくて潰れないものがいいなと、あえて打ち放しのコンクリートにした。松蔭で使ったタイルをわけてもらったんですよ。煙突もつくって暖炉を付けたんですが、これ一個で家じゅう暑くなるくらい。ワンルームなので、家の中を空気が循環する。ピアノが家じゅうに響き渡るからうるさいけどね。長男はウッドベース、娘はピアノをやっていた。この家で子どもらが初めて覚えた難しい漢字が「結露」いう言葉やね。大きい窓が結露して下まで水が垂れるくらい。壁も断熱材なし。建築の原型みたいなもんですね。窓は全部ドリーキップにした。内開きで横にも縦にも開く窓です。格好はいいですけど、内側に倒れるのでカーテンとの関係がややこしい。

構造は向井功に設計してもらって、新耐震になっています。この家がひっくり返ったら周りの家全滅でしょういうくらい丈夫につくった。今は作曲家の長男が住んでいます。長女はフランス人と結婚してベルギーに住んでいて、次女は映画監督をやっていますよ。

会社から、勤続二十年のお祝いで二週間休みが出ますと言われて、もう二十年も経ったか…こりゃいかんと。独立はずっと考えていたけれど、アメリカ行かせてもらって、帰ってきてじゃあ辞めますというのは食い逃げみたいでしょう。そんなことを考えているうちに、えらい時間がかかってしまいました。当時は設計課長でした。竹中工務店に三十年もいると組織を動かす立場になってしまう。鉛筆を捨てなあかん。自分の手で図面を描くことがなくなる。課長職くらいでもどんどん描かなくなっていく。建築に関与できなくなるように感じました。日本は大工文化があったから、設計施工でもいいものはつくれるとは思っていたけれど、当時、ゼネコンの設計部が下に見られている風潮も感じていました。

仕事の目途も立たないまま、一九八五年に部下だった北野俊二[8]を連れて独立しました。次の世代の課長になる優秀な部下だったけれど、昇進の推薦の面接をけってついて来てくれた。北野は人間が信用できる。オペラ座のコンペも一緒にしました。少人数でコツコツやるような事務所をイメージしていたので、最初は電話番の事務員を一人だけ雇って、三人から始めた。初めの事務所は心斎橋のワンルームマンション二部屋。生活できるかできないかというのはあんまり考えへんかった。次が南船場。立売堀から後芦屋に。それから北浜、それでここ(南船場)。場所は便利であれば、とくにこだわりはなかった。

事務所開設祝い
右から三番目が永田祐三
右隣は安藤忠雄

八〇年代はあっという間やったね。富山、熊本、別府、大阪、次から次へ仕事の上で生きているだけでね。ずーっと事務所を回しているだけで十年二十年簡単に過ぎますね。

❖8 北野俊二(きたの・しゅんじ)…建築家。一九四五年—

竹中時代のアルバイトクライアント巽悟朗との出会い

独立して最初の仕事は、「光世証券京都ゲストハウス」(一九八六年)です。彫刻は朝倉響子さんにお願いしました。知り合いでもなんでもなくてね。テレビで拝見して、松蔭女学院のキャンパスに風景や人間つくってもらえたらいいなと思って、上野の辺りにあったアトリエに直接頼みにいったんですよ。気学に凝っていて面白い人でした。「明日東京に帰ったらだめです。名古屋でちょっと休んでから帰りなさい」とかアドバイスされる。

光世証券の創業者で社長の巽悟朗さんのところに、独立しましたと挨拶に行ったら仕事をいただけました。巽悟朗❖9とゆうのはすごい人やった。北浜で、証券界をまともな世界にしたいと思って活動した人ですよ。大阪市中央公会堂に莫大な資産を投入した株式仲買人の岩本栄之助は、完成前に第一次世界大戦勃発の影響による高騰相場で大損をして、三十九歳の若さでピストル自殺してしまったんだけれど、巽さんはそのころの岩本さんの手紙かなんか預かっているらしい。

実は、竹中時代に大阪の高岡建設工業という会社で顧問と書いた名刺を持ってアルバイトをしていて、巽さんの初めの自邸を設計したのは僕なんです。きりっとした感じを考えてガラス張りにしたんだけれど、巽さんには「家の中ステテコで歩かれへんがな」と言われた。

❖9 巽悟朗(たつみ・ごろう)…光世証券創業者。一九三五—二〇〇三年

あるとき、高島屋の人がやってきて吹き抜けをつぶしてそこに家具を配置する提案をしてきた。「吹き抜けをつぶしたら根幹が崩れるからいやです」と、このプロジェクトには何の関係もない私の上司でインテリアの部長に言いつけたら、どうやらそれが伝わったようで、「あんた普通の人ちゃうやろ」とばれて、正直に「竹中工務店です」と名乗ったらあまり口出ししてこなくなりました。

巽さんの新居(「六麓荘の家」、一九九四年)が出来た時に、こっちの家を僕の事務所として使わしてくださいとお願いして借りたんです。そうしたら、ガラスはきれいだけれど結露するしね、夏は暑く冬は寒い。天窓が開くようになっていたけれど、雨が中に入ってくる。事務所として朝から晩までそこにいると、自分で設計しておいてなんだけれど、これ住宅としてはあかんなぁと使ってみてわかった。学びましたね。

アルバイトはほかにもしていましたよ。一応やってはいけないことにはなっていたけれど、流行っていましたね。設計者はみんな山っ気があるんですよ。チャンスがあれば生かそうと思う。会社も自由ですが、アルバイトの方がもっと自由で面白いですね。大分県、別府の「ホテル白菊」(一九八〇年)の設計もしました。竹中の九州支店の設計部長が友人で、その人が大阪に帰って来た時に頼まれた仕事です。その人もアルバイトで何軒かやっていましたね。「力があまってんのやな」と岩本博行さんに言われました。

独立して二つ目の仕事は、熊本自動車付属の「熊本電子ビジネス専門学校」(一九八六年、増築一九八七年)。専門学校をプロデュースしている友人からの依頼です。

複合的な工場
ホールのある配送センター

「源新保工場」(一九八七年)は源(現・ますのすし本舗 源)というお寿司屋さんが、富山市新保企業団地(現・オムニパーク)内に本社と食堂、売店、見学コースもある工場をつくるという計画です。ご長男が、写真家の村井修と知り合いだった。それで、建築家で誰か工業団地の将来像を描けるような人を探してほしいと村井さんが頼まれた。講演して、質問に答えて、組合でも話をして、計画して土地を切っていく。イタイイタイ病が発生した土地なんですよ。国としては工業団地にしたかった。私が工場、本社、寮を設計した。サンダーバードで大阪から富山まで通っていました。

リチャード・マイヤー風のローコストで真っ白なタイル張りです。雪が降ると同化して見えない。これは一ミリも狂いのない機械的なものにしたいなと思った。そんなんも好きなんですよ。対極的にある民俗的なものも好きで、自分の中で両端がありますね。味わい深ないといけないので、少し隆起的な形をつくったり、筒の部分はコンクリート打ってないんで土管だったと思います。ここには七百人収容できる食堂もあるんですよ。団体旅行の観光バスがたくさん来る。当時はそういうのが儲かったんですね。

ジオン商事の川端社長の弟さんが、僕の友達の亀田いう男と親しかった。この亀田が「永田、もっと仕事しないといかんぞ!」と建て主を連れてくるんだね。ジオン商事は、イタリアの婦人服を扱っていて、輸入して百貨店におろしたりする事業をしていました。「ジオン商事安治川配送センター」(一九八八年)では、一緒に配送システムも考えました。地下が倉庫になっていて、ホワイトベースという名前のホールもあるんですよ。だんだんと有名になったんです。音響や照明用のトラスもあって、お客さんを呼んでファッションのイベントをしていたんだと思います。喫茶店みたいなものもある。真っ白なモザイクタイルで仕上げました。

宮内嘉久との出会い『風声』『燎』の同人に

宮内嘉久[10]さんとの付き合いは一九六六年からです。ある建築雑誌の大阪特集を宮内さんが責任編集していた。その特集のために人を集めて、竹中の地下の食堂で編集会議をしました。安藤忠雄[11]にも電話して来てもらった。僕がやっていた現場の近くに出来た味見屋ビルというのがあって、真っ白で端正ないいビルだったので調べたら安藤さんの仕事だった。それで参加してほしくて面識もなかったのに電話したんですよ。

宮内さんが編集していた『風声』(一九七六—一九八六年二月号で廃刊)、『燎(かがりび)』(一九八七—一九九五年)にも参加しました。『風声』の同人は宮内さんのほかに大江宏[12]、前川國男[13]、白井晟一[14]、岩本博行、神代雄一郎[15]、武者英二[16]さん。岩本さんの紹介で、僕は途中から同人になった。三六歳くらいだったかな。長老ばかりの中で僕だけ三〇代。

会合は年に二回くらい東京であって、会合の模様は必ず『風声』に載せることになっていました。建物について討論することはなかったです。でも、同人の新しい仕事を見ようということでみんなでロンシャンを見に行ったことはあった。前川さんは「大変だったろう、大変だったろう」としきりに言っていました。というのも、サッシが当時はやりのコールテン鋼で、

❖10 宮内嘉久(みやうち・よしひさ)…編集者・建築評論家、一九二六—二〇〇九年

❖11 安藤忠雄(あんどう・ただお)…建築家。一九四一年—

❖12 大江宏(おおえ・ひろし)…建築家。一九一三—一九八九年

❖13 前川國男(まえかわ・くにお)…建築家。一九〇五—一九八六年

❖14 白井晟一(しらい・せいいち)…建築家。一九〇五—一九八三年

コールテンは曲げてもバネが強くて元に戻りやすいんですよ。そのことをよくご存じでしたね。開拓者で大家の皆さんに会うのが楽しかった。「前川先生と白井先生はまったく方向性は違うように見えるのにどうしてそんなに仲がいいんですか？」と聞いたら、「僕らはともにとにかくいい建築が生まれることをいつも思っているんだよ。いい建築の出現を願っているんだ」と前川さんは答えた。白井さんは前川さんに「DENをもたないと駄目だ」と言っていた。白井さんのいうのは英語のDENで、自分自身を内省する場所でしょう。神代さんは、「日本人は歳をとってくると足袋が似合ってくるんだよ」と言っていましたね。なるほどなあと思うことも多かったです。建築を見に行くのは風流じゃないからと桜を見に行ったこともあった。根尾村の薄墨桜とか、常照皇寺の桜とか。ブルガリアかなんかの民族的な踊りをみんなで見たこともありました。楽しい時代でした。

『風声』を支援してくれたのは、岡澤という西陣の壁織物業の会社の社長だった岡澤雄次郎さん。ある時期事業が下り坂になったときに、資金援助も打ち切られたのですが、『風声』の版権は自分にあると岡澤さんが主張されて、名前を使わせなかった。宮内さんは困ってたみたいですね。それで、一九八六年に休刊になって名前を変えて『燎』になった。この年の六月に前川さんも亡くなった。白井さんも一九八三年に亡くなっています。

『燎』を支援してくれたのは、INAXの伊奈輝三社長。このとき、岩本さんが同人を抜けて大谷幸夫さんが加わりました。『風声』に続く世代を核とする新同人誌『地平線』の構想もあって、布野修司や富永譲とか呼んだけどうまいこと成立しなかった。布野修司は支援ではなく売り上げで運営していくようにしなければおかしいという考えだった。

岩本も亡くなって、今同人で生きているのは僕だけやね。岩本さんは最後まで「設計施工は

❖15　神代雄一郎(こうじろ・ゆういちろう)…建築評論家。一九二二―二〇〇〇年

❖16　武者英二(むしゃ・えいじ)…建築家。一九三六―二〇一二年

いいもんや」と言っていて、最後は竹中道具館の館長になった。
建築家の山脈というみんなが亡くなっていって、それでわれわれの時代が来るのかと思ったらそうではなかったね。

世界中の職人と一流をつくるホテル川久

「ホテル川久」(一九九一年)は、竹中によく出入りしてたカーテン屋さんからの紹介です。最初は改修の依頼だった。もともとはライトの帝国ホテルを田舎の人がまねたちょこざいな建物。いかにも旅館というね。ほんまは宴会場だけをやり直すという話だったけれど、どうももともとのプランがよくなかった。それで、食堂と厨房、宴会場の関係は何をしてもよくならないという提案をしたんです。よくならない計画を何種類も持っていった。それでクライアントも中途半端にやるならやり直そうとなった。

要望は、「中途半端にしたらつまらん、とにかく素晴らしいものを建てたい」ということだけ。安間さんという社長一族の長女である堀資求《やすえ》さんはオランダ留学の経験もあり進んだ考えをもっていて、やるからには世界一流のホテルにしたいと、社長だった父や次期社長の弟の心を動かした。最高のホテルを目指してワインの勉強までしましたからね。ご結婚されて堀さんという姓でした。大阪のニッコーホテルでご主人がステーキ屋さんをやっていたんじゃなかったかな。女性の方が度胸ありますね。社長の安間さんはお坊さんで、心斎橋で南海商事という貿易商をやっていたの。長男の体が弱くて、白浜やったら空気がよくて長生きできるというんで、ホテルをするきっかけになったんでしょう。

世界を知っている人らやから、偽物はいやだと。それで、世界から職人を集めてつくった会員制のホテルです。ドラマチックですよ。日本とは違う技術をたくさん勉強しましたね。

例えば、日本には石を積むという技法があるけれど、イタリアの石工は柔らかい石を削ってつくっていく。考え方の根幹が違う。連れて来る職人は堀さんと僕で手配しました。日本の職人で呼んだのは左官の久住章。石膏マーブルというヨーロッパの古典の技法を彼が再現して柱を仕上げた。家具はイタリアの家具屋さんに行って、素敵だなと思うものを仕入れていましたね。照明はアルジェリアのヤモウという作家に依頼した。彼は、パリにアトリエを持っていた。展覧会をした時に見に行って知り合いの照明デザイナーから紹介してもらった。吊るしの

上：ホテル川久　外観
下：イタリアにて。ホテル川久の鉄扉の打ち合わせ

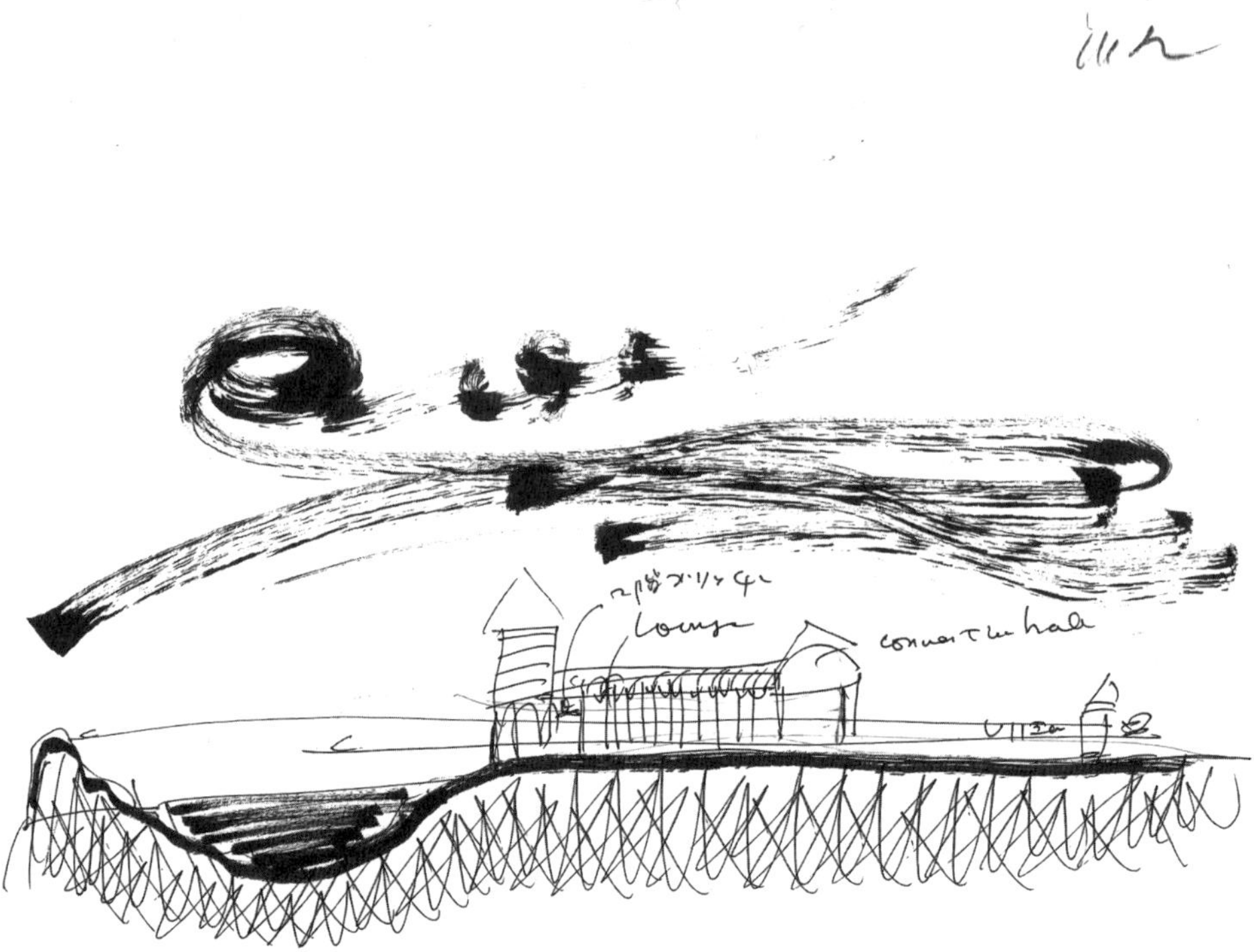

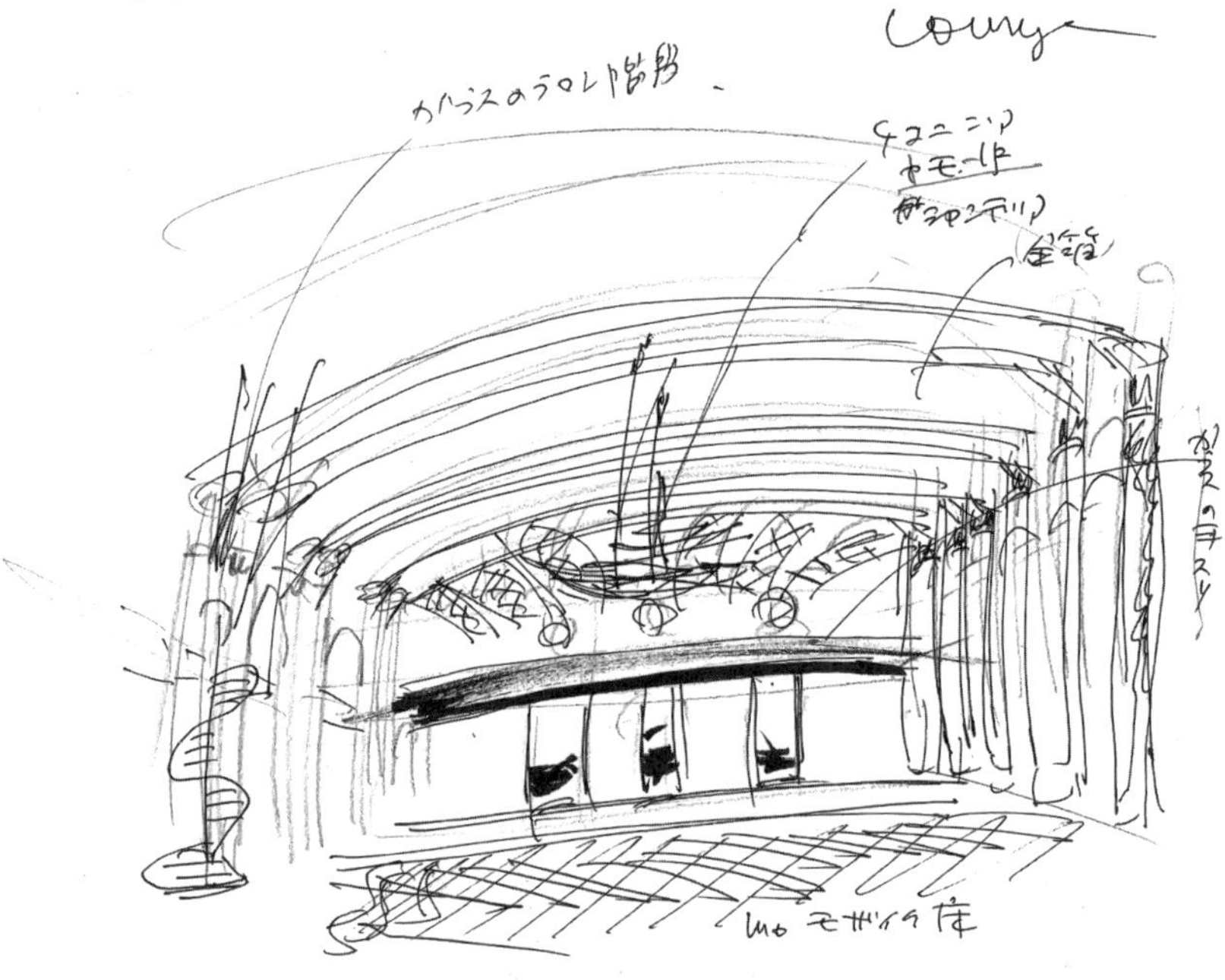

ホテル川久
上：風景とのつながり
下：ホテルラウンジ

ホテル川久
まちとのつながり

螺旋階段は大阪の金物屋さんに頼んだ。シャンデリアはベニスのトウゾという職人。ロビー天井の金箔はパリの金箔専門のゴアールという職人の仕事。床の寄木はゴベール。彼はワインの飲めないフランス人で、笑わない職人だった。

堀さんはイタリアのウディネや、ボヘミアンガラスの本場のチェコにも行っていたね。南海商事は輸入にかかわっていたから詳しい。瓦は紫禁城で使っているのと同じものを中国から輸入した。この黄色い色は釉薬が硫黄かなんかでね、有害なものが出るからと日本では焼けないんですよ。茶室の屋根にちょっとだけ使ったりしています。天安門事件の影響で一時出荷ができなくなって焦った。

様式というのは全然なくて、行き当たりばったり。工程表もなく、だんだんにつくっていく。自然な感じですよ。基本の構想はオーソドックスなプランだったけれど、最初に描いた設計図通りにはいかない。お金も流動的で完成予定も決まっていなかった。結局四〇〇億円くらいかかっている。施工は小さな建設会社で出来高払いでしたね。

バブルがはじけて経営が悪化して、住友銀行が融資をとめるゆうて、二年くらいで一度つぶれてしまって入札に出て買い取られた。今年(二〇一八年)の日本建築家協会(JIA)の全国支部長会議はここでやりました。その時に現オーナーのカラカミ観光の方と初めて会ったんです。久しぶりに見た川久は力感やスケール感がよく、大きく見えましたね。丁寧にメンテナンスしながら利用されていると思いました。

浄土寺の家
支えてくれたクライアント

高山物産の山下武専務の自邸が「浄土寺の家」(一九九二年)です。「川久」の煉瓦が何となく頭にあった。しかし、完成後すぐに奥さんががんで亡くなられてほとんど住んでいない。今はもうないですね。その後、新しく家を建てるというので最初は設計をしていたのだけれど、途中から設計者がデザイナーの森田恭通に変わってしまった。

二〇〇六年に倒産してしまったのですが、高山物産は多角経営でパチンコ店などを経営していた。仕事の打ち合わせに事務所に行った時に、ほかの設計事務所の設計したパチンコ店の図面を見せてもらった。そしたら、贅沢なんですよ。僕は倹約して設計をしていましたので、一度やらせてみてくれと頼んだ。それで、超ローコストのパチンコ屋の設計を何軒かしたんですよ。パチンコ屋は台があって人が座れて屋根があればそれでいい、お金をかける必要ないですよと。

高山物産が計画していた「ルネス金沢リゾートロッジ」という温浴施設の一部や「ルネス金沢アミューズメント」というシネコンのような施設も設計させてもらった。川久を建てた後、仕事がなかったので、いろいろ仕事を下さって事務所が回っていた。並行して巽悟朗さんも仕事をくれて、お二人のおかげで何とか事務所がもった。

山下さんは社長の娘さんと結婚して専務になった。非常にユニークな人で、いろいろ教えられたというかね。人望の厚い人で人脈が大きい人。必死で生きてきたから人間を見る目があって、サラリーマン一筋で生きてきた僕とは違う考えがあった。山下さんは、ジャパンレジャーサービスという会社を興して、安定したいい発展の仕方をするわけです。現在も代表をされています。

エレベーターメーカーのクマリフトの会長とは、岩本さんが九州で親しかった。大阪にやってきて紹介されて、仲良くなった。一族とも仲良くしていたので、独立してからいろいろ仕事をいただきました。竹中のときから技術部門の顧問としてお付き合いしていた。押しボタンのデザインであるとか設計者として進言する。当時、娘さんが社長をつがれて、「クマリフト本社ビル」(一九九七年)や、自邸を設計しました。「クマリフト彩都研修開発センター管理棟」(二〇一三年)は、四角い豆腐のようなデザイン。研究所ですから実務的にやったんですね。それでも、語れるもんがないといかんと思って設計しています。

クマリフト彩都研修開発センター管理棟
上:外観
下:玄関正面の池

KUMALIFT

六麓荘の家 建築と彫刻

芦屋でも金持ちしか住めないエリアが六麓荘町。「六麓荘の家」(一九九四年)は、光世証券の巽悟郎さんの新居です。当時のね、昭和の証券界の人らは建築のこともよう知っていて立派な家建てているんですよ。

彫刻はイギリスのもの。三越で展覧会していた時に、そこで一つ買いはったんやね。この上には彫刻を六体載せようと最初から思っていたから、まず日本の作家にスケッチ書いてもらったの。でも日本はあまり建築に彫刻をつくるという考え方がないから、神さんがボール持っているようなけったいなデザインで。建築と彫刻という教育は受けてないのだと思うね。そういう意味では、中国の方が建築と彫刻が密接な関係が出来上がっているね。これは、巽さんが持っていたイギリスの彫刻の作家に頼もうと。ギリシア神話のモチーフから、その彫刻家が選んでつくった。それがよかった。金物はスペインの職人に頼んだ。スケッチを描いてつくってもらう。日本人の職人なんかよりもはるかに理解が早いね。全体の寸法に合わせてつくってくれる。川久の経験が役に立った。

一九九七年には、パビリオンとして離れもつくった。この家は今、息子さんが使っています。友達呼んでパーティ開くらしいです。「南青山の家」(一九九七年)はこの息子さんの家。まず中庭に入ってから家に入るようにした。ここにも同じイギリスの彫刻家の作品があります。

日本電通建設本社ビル イギリスで学んだブリック

日本電通建設というのは、ＮＴＴの配線工事をする会社です。これも巽悟郎さんの紹介です。本社ビルは一九八七年の秋に依頼を受けて、一九九四年の完成まで七年かかりました。

外装は人びとに対して馴染みやすいブリックで威圧感を与えない表現にした。文様が浮かび上がっているように見えるのは、同じサイズの煉瓦を積むときに二五ミリくらいわずかにずらしているだけなんです。振動で煉瓦が前に出てしまわないように鉄筋を入れていて、鉄筋を挟むように煉瓦を積む。これは、ベルギーやイギリスでも使われている積み方。吸音効果もあるので、阪神高速道路の隣で騒音がひどい場所なんですけれど中は静かですよ。

高級そうに見えるかもしれないけれど、実は煉瓦は高くない。煉瓦は平米なんぼって決まりがありますからね。煉瓦の良さは、何年たっても空気やほこり、水分を吸ってしっとりするところ。汚れたら汚れたで周辺の環境になじんで落ち着いてくる。ひびが入ったらそこだけ落ちてくるというのはありえますけれど、砂の塊だから惨事にはならない。

ブリックはイギリスで学びました。一番初めに取り入れたのは「川久」ですね。岩本さんはよく有田焼の薄いタイルを使っていたけれど、僕は中からつまっているほうがいいと考えていたから、ブリック造を好んだ。川久のときに振動解析をいろいろとして開発しました。日本にも煉瓦積み職人がいて、川久も大阪日電研本社ビルも六麓荘の家、光世証券東京本社ビルも高山煉瓦建築デザインの高山彦八郎という職人にお願いしました。今は「川久」のときも職人として入っていた息子さんが継いでいます。

新しい発想の農協
ダブル梁の老舗

大垣の農協のおじさんから「大垣のもんじゃが、農協を建てたい。お金は用意してあるがおうてくれるか」と直接電話がかかってきた。そこの理事長がいろんな施設を見て回って「源新保工場」を気に入ってくれたらしい。農薬のない農業をしようとこのころからやってらしたんですよ。農薬をまぜんとアイガモに草を食べさして。でも、カモは少し大きくなってくると稲も食べてしまう。それを引き上げるタイミングが難しい。引き上げて庭で飼うと人になれてくるんだけれど増えすぎてしまう。それで、羽毛をとってパッキングしてカモ肉を売るようになった。面白い人でした。

「JA OGAKI グリーンパーク」(一九九四年)には滝のある池もつくりました。人数が多くなったらここに床を張って拡張しようと思っていたんですよ。新幹線から見えますよ。岐阜羽島と名古屋の間の揖斐《いび》川を超えた中之江川の辺り。その後に観光型の農協の販売店もやりました。

「豊田愛山堂」(一九九五年)は、永田・北野建築研究所の北野俊二のお姉さんの嫁ぎ先で、祇園、四条通に面した有名なお香の店と自宅の建て替えです。隣に後からできた槇文彦設計の京都クラフトセンターがある。ご主人が亡くなっていて、お姉さんが取り仕切って経営していました。構造は川崎福則さん。頭の柔らかい面白い人でね。これができた年に他界されてしまった。

内も外もダブルの梁でやってみたいと言ったら、川崎さんがやってみましょうと。ダブルの梁で支えているから、一本の梁は細くできる。中は吹き抜けになっていて、上はお姉さんの住まい。トップライトから線香の煙が抜けて行くようにした。だから火事になっても排煙はばっちりですよ。柱も梁も真っ赤に塗ろうと思ったけれど、京都市に止められた。ダメな理由を署名入りで持って来いと言ったのだけれど、よう持って来なかったね。北野との仕事の進め方は、僕がプレリミナリー（最初の計画）をつくってクライアントのOKをとり、彼が実施設計をする。お姉さんのビルでも同じです。お姉さんはこれができて売り上げが上がったと喜んでいました。

阪神・淡路大震災
更地になった神戸

阪神・淡路大震災（一九九五年一月一七日）のときは大阪の立売堀《いたちぼり》というところに事務所がありました。家が遠いので、すぐ隣のビルのワンルームを借りていて、そこに一人でいた。娘が二人おるんですが、上の娘はパリかなんかにかみさんと一緒に行っていて、下の娘は関西学院大学に通っていた。なかなか電話がつながらなかったけれど、とりあえず娘が大丈夫だと電話で確認して安心しました。西宮の学生寮に住んでいて、ラグビー部やなんかに声かけて助けに出たけど、周りの建物が倒れて燃えているゆうてた。河内長野の自宅はなんともなかった。

事務所を見に行ったら、壁に横にしゅーっとひびが入っていました。ボードのつなぎ目でしょうね。当時、事務所の所員は十一人くらい。ごく普通に事務所動かしてたよ。設計した建築の状態を見に行ったりしていた。松蔭は何ともなかった。もともとマンション用の広大な敷地やったんだけど近隣の反対があって、計画を変更して学校になったから、土地は詳細に調査されていて資料もあったので、破砕帯を逃げて設計していた。でも、図書館だけは配置計画上逃げきれなくて、破砕帯を踏んでいたんだな。そこんところはクラックが入っていた。そのほかは大きな事故もなく、よかったです。竹中時代に担当した「神戸製鋼所健康保険組合中央体育館」(一九六八年)はピロティになっていた部分の脚が全部折れて、取り壊されてしまった。
しばらくして、神戸に行ったら更地が広がっていて、まるで新しい住宅用地の景色ですよ。

東京・大阪二つの光世証券ビル

東京の「光世証券兜町ビル」(一九九九年)は大阪の本社ビルより先に出来ました。今もあります。首都高速からよく見えます。いろいろ考えたんですけれどね。自分のもっているボキャブラリーでだんだんこういうクラシックなものになっていったというか。隣地斜線で片方が削り取られてしまうところの処理が難しかったです。今なら天空率が使えますけれど。ホテル川久の竣工が一九九一年ですから、その続きでブリックが頭にあった。ブリックはタイルと違って雨が降ってくると水を含んでほこりも一緒に吸う。煉瓦そのものがその地にあったみたいになじんでくる。そこがブリックのやさしいええところ違うかな。

「光世証券本社ビル」が出来たのは二〇〇〇年。光世証券社長の巽悟朗さんは「六麓荘の家」のクライアントで、二十三年ぶりに民間から大阪証券取引所の理事長になった人。巽さんは北浜の歴史に詳しく、「北浜の今日の繁栄を築いた薩摩出身の五代友厚に、大阪人はもっと敬意を払わんといかん」と言っていたね。大阪証券取引所の前に五代友厚の像を建てさせたのも巽悟朗だし、本社ビルの一階にも五代友厚の彫刻が座っている。もともと高層ビルの大林ビル

光世証券本社ビルと北浜・中之島界隈

に入っていたのですが、新たに土地を買って本社ビルを建てることになりました。土佐堀通りの道路斜線で上の方が切れていて、それをデザインにしている。総合設計制度を使った方がよかったかなとも思いますが。これも、イタリア、ザリーニ工房の金物、イギリス、イブストックの煉瓦、パリのアルジェリア人、ヤモウの照明器具などホテル川久の職人軍団がやってくれています。

復興再開発計画からモダニズムの大学、煉瓦の住宅まで

宝塚の花のみちという道路に面したところが震災で全部潰れて、再開発の必要があった(「宝塚花のみち再開発」、二〇〇〇年)。緊急を要するということで、市が中心になってコンペをやったんですよ。小さい事務所ですから、昭和設計という会社から共同でやらないかと声がかかって参加しました。何件か昭和設計と一緒にコンペしたことがあるんですよ。大きい会社ですから、いろんなコンペの誘いがあるわけね。中には、どこどこに決まりそうやって出来レースみたいなものもあったけどね。このコンペが初勝利です。

空調を使わないオープンモールにした。というのも、経験上、梅田の三番街でも南海難波でもアトリウムが中にできるでしょ。内部空間にしてしまうとその空調費がかかる。誰が責任とるかというと各テナントなんです。テナント料金を安くするための対策です。上に住居もつくりました。南欧風というのは、宝塚市の希望でした。

竹中時代に、「宝塚バウホール」(一九七八年)という宝塚歌劇団のショーホールをやったんで

すが、それも南欧風だった。半地下のショッピングモールみたいな楽天地があったんですよ。バウホールはSDRにいたときにイメージをつくって、設計部に入ってから設計したんです。SDRでイメージを出して、承認が出たら設計部と構造、設備が一緒になってやっていく。バウホールはそういう感じでやっていたんです。

「森ノ宮医療学園」と「森ノ宮医療大学」は、創始者と親しくしていて、二〇〇三年から二〇一六年にかけて[❖17]信頼を受けてずっとやっていました。初めは別の専門学校校長の紹介でコンペに参加して選ばれて専門学校の校舎を設計したんです。今度は大学（森ノ宮医療大学）をつくるからコンペをすると。それで、勝ったんですよ。

専門学校、大学とも、医療系の学校だから、真っ白で、できるだけローコストで、機能的なものにしたかった。専門学校は鉄骨で教室を増築。鍼灸師や整体師の養成から始まった学校なので、一階がピロティの駐車場になっている柔道場もつくった。大学のほうも、装飾の少ない、白い箱ですね。二期の食堂棟は学生が集うから木造にした。三期の体育館は一面のスペースフレームに覆われた、これも箱だね。モダニズムのさわやかな建築も好きなんです。

紙模型で出来たような、いささかも金《かね》のかからない、それでも、ああいいなと思える建築にしたいですね。紙を折ってつくった軽いものがいくつも集まっているイメージでしょうか。空調計画に対しても、竹中時代から合理的であるように言われてきたので、不合理で余分なことははじめから避けますね。いらんことはしない、というような。

でも、工事業者を毎回違うところにするという風潮があったんだね。三期でうちは外されて、四期、五期は清水建設がコンペでとった。

「北大路の家」（二〇〇三年）は、「浄土寺の家」の山下武さんの友人の茂山さんの家です。山下武

❖17 森ノ宮医療学園（一期二〇〇三年／アネックス校舎二〇一〇年） 森ノ宮医療大学（校舎・図書館棟二〇〇七年／食堂棟二〇一〇年／看護棟二〇一一年／新学科用校舎二〇一六年）

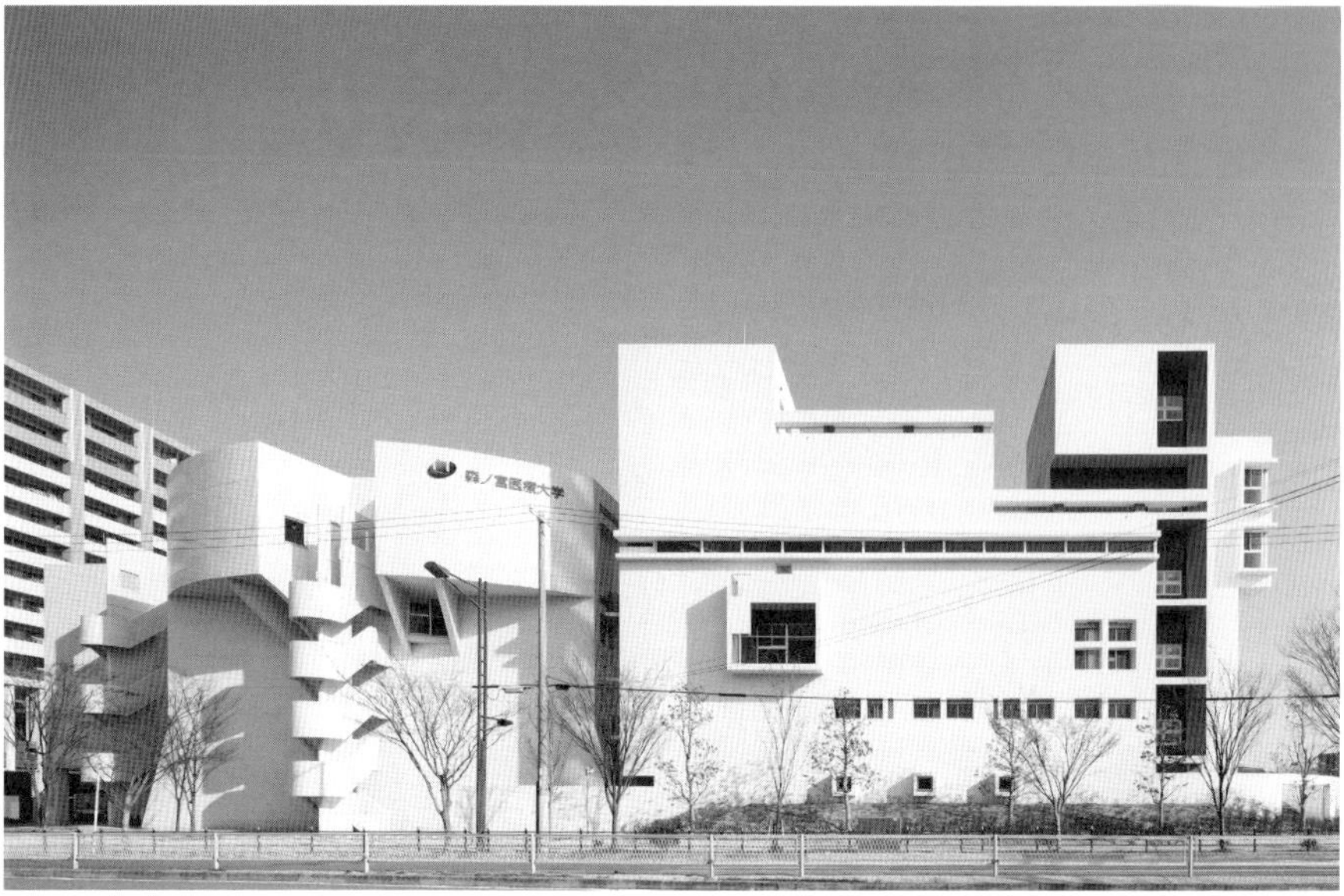

森ノ宮医療大学
上：外観
下：中庭

さんと一緒に食事に行ったりしていた時に、家を何とかしたいと言うてたんで、僕が「茂ちゃん、とにかく家つぶせ」、と言ったんです。そうしたら、ある時「家をつぶした」と言ってきて、進んでいった仕事です。子ども二人の四人家族で、これも煉瓦の家。煉瓦の家って、できた時、新しい気がしないでしょ。なんか前からあったんかな、というところがいい。

永田建築研究所となる

北野俊二が独立して、事務所が「永田建築研究所」となるのは二〇〇七年のことです。ちょうどリーマンショックで仕事も減り、別々にやろうということになった。北野は、僕らが事務所として使っていた芦屋にある最初の巽悟朗さんの家で「アトリエ北野建築計画」としてやっています。

永田祐三の直観力

力感を失う現代建築「さわり」の表現

ものすごく興味を抱くのがピラミッドや古代遺跡。みんな中が詰まっているでしょう。ギリシアのコロシアムはすり鉢状になっているけど、観覧席の下は全部土なんですよ。どうも空間がはっきりしない、そういう姿が好きなんですよ。土で積んで、泥の煉瓦で、強烈な雨がふったらドロドロに溶けてしまいそうなアフリカのベルベールの住宅なんかはいいですね。紫禁城みたいなね、訳のわからんのも好きなんですよ。

合理主義の現代建築のような柱と梁をうまくつかって空間をいかにつくるかというものとは、建築の概念が根本的に違うね。現代建築は力感がないねんね。ローマがあかんかったのは、なまじ知識があったせいでアーチで空間つくったり、コロシアムの裏の空間を全部有効に使おうとしたりしたこと。それがローマが滅びる要因やと僕は思うねん。そういう考え方が。そういうスカスカの建築を見ると、前川國男さんは「月夜のカニだね」と言った。月夜にカニが甲羅替えするわけね、そうすると中は隙間ができてガラガラになる。中が詰まってないゆう喩えやね。現代になるにしたがって下がもったいないから使おうとかそういう風になっていく気がします。

岩本博行の好んだ日本の伝統いうのもいいですね。トタンというのは、雨が降ったら容赦なくはじき返すけれど、日本の瓦はしっとりと受け止めてさらっと流す。いかにも情緒がある。旅行にいくとそんなもの一緒に見に行ったなぁ。

音楽でもね、ショパンもベートーベンも好きで聴くけど、むしろきれいな曲より、民族色豊かなハチャトゥリアンとか、プロコフィエフとかいうほうにより引かれる。アジアの血が自分の中にあるんだなと感じます。バルトークとかいいよね。ハンガリーに生まれている作曲家で。バルトークとかストラビンスキーとか土着的なものが絡み合う感じがなんとも好きです。完璧すぎると退屈するんですよ。そういう特性がある。

「さわり」のあるものが好きなんやね。三味線ひいている連中に聞いたら、わざと弦のどっか別なとこ触るわけね。それで独特な音が出る。それを「さわり」という。雑音を入れて清らかなものを濁らすわけやね。それが西洋人にはわかりにくい。前川さんの文章にも「色っていうのはね、少し墨を落とすといい色になるんだよ」というのがある。ちょっと墨落とすいうのは、さわりを入れる音楽と一緒。完璧に積み上げると見ている人はああしんどい、生きづらいと感じる。そういうもんから少し外れたところに本物があるんでないかとそういう風に思います。

理論で考えない直観的建築手法

建築の図面なんていうのはいくらデザインしても、工事する職人の手の先、つくる人が何をつくっているかが見えないと描けへんもんですよ。前川國男さんは手の先が見えていた人だと思う。焼き物の色なんかも、この会社のこの工場だったらこの色が出せるとかこういうのがつくれるとか、つくられ方を知らんとね。柱のつくり方にしても、日本の場合と西洋ではつくられ方が違うわけで、それによって建築の図面も変わってくる。職人の仕事やつくられ方が見えなければ図面は描けない。今はコンピューターで絵描いてもの考えるでしょ。回路がコンピューター化されているよね。立体のスケッチを鉛筆で描くことができない。しっかりと心の中に携えるということができてへん。

僕は建築言語とかそういうもんに染まらずにきたね。前川さんのように「近代の相克とはなにか」とかそういうことから設計し始めるのではないんです。建築はこうあらねばならないとか理論的なことは一切考えてないですから。プランニングを徹底的にやることもしない。諸条件からこうしようかとか、あの敷地にはこれやというのはない。素案をつくりながら合理的にいく方を選ぶ。あまり深くは考えない。刀をつかんで振ってみたらえらいとこ切れたなとそういう感じ。もう少し感覚的というか、情緒的なものです。

僕にはこういうものがつくりたいと思う世界がある。そういうものに引かれて動いている。自分がきれいだなと思うものをどうしても自分のものにしたくなる。いつか自分のつくるものに実現したいというのがあるよね。自分の心の状態を大事にすることが大事。自分がこれでええのやと思うことを見据えて、頭の中で整理する。

そういう感覚いうのは、ロマネスクの時代は自由やったよね。だからあれだけすごいものになったと思う。ロマネスクの時代は別に論理的なものがあってああいう風になったわけではなくて、キリストに対する敬虔な思いや感じ方があって。そういう意味で精神的に深いものがあるのかな。いらんことをしないというのがね。

フロリダの近代建築見ても感動せんけど、中国のどこかのまちでやぐらで住んでいるのを見ると感動する。輪っかになっている客家の家にしても原型を感じます。そうせざるを得ない切実な問題があるわけよ。絶対的な要因があってそうなっているのでね、そういうもの見るとみんな本物やねん。日本の古い民家でもそうですよ。竹木舞でぼろぼろになっていても、思い付きやそういうことやなしに切実にそういうものつくってるのがわかる。白川郷は技術も含めてあれ以外にはどうにもならない切実なものなんです。

今、東京オリンピック競技場をつくっているけれど、レタスバーガーみたいに何層にもなっていて軽い。そんなんよりずーっと土が続いていてそこで観客が見てるというほうが力強い競技場やと思いますね。切実なもんがない。本物の競技場は、あんなに軽くなくて詰まっている。むしろ今振り返ってみたら、日本人がよってたかってつくった縮小案は床の間にガマガエルの置物が乗っているようで不細工やね。ザハ・ハディドのもともとの案の方が大地の上にふわっとあって、むしろ環境に根ざしている。あれには必然性みたいのがあって本物やんか。伝統というのはすべからくそういうものでしょう。

クライアントや周りの人らの話を聞いたり、設計している最中にこれはこうしようと思ってくるいうか、自分の思いがそうなってくるいうのもある。お前のほしいものはなんやねんと聞いて、何を要求されてもなんともないねん。矛盾があっても平気やねんね。全部飲み込んで自分の中でうがいして、ほんでぺっと吐き出す。これはできませんとは言わない。裏側にはぼくと同じ想いがあってこうしたいと思ってんのやないかと考えて、それなら実現したい、それにはどうしたらいいかと、そういうこと。要求を心の中にしまっていつか熟成するのを待つと。意外といけるもんですよ。やり始めるとクライアントも変わってくる。話しながらずっとウイルスを撒き続けて風邪ひかすゆうことやね。こういうもんかと思わせられれば成功やと思う。

自分の真実思っていることを言わなければ相手は信用しない。どんだけ心を剝くか。こうしたら相手が喜ぶとか、こうしな駄目ですよとかは一切言わない。ざっくばらんな話の中で全部が納得できるそういうことを目指したわけね。建築ってもっと自然で楽で楽しいもの。額にしわ寄せてちゃあかん。

とにかく大切なことはいい建築を実現することです。

⦿このインタビューは、大阪市中央区の永田建築研究所にて二〇一七年十月十九日、十一月二一日、二〇一八年一月二四日、二月二一日、三月二八日、四月二八日にわたって収録された。インタビュアーは西川直子。テキストは雨宮明日香が原稿化し、永田祐三およびインタビュアーが加筆、修正を行った。写真・図版提供については永田建築研究所の協力を得た。

エッセイ

無極

蒼白い月光にオベリスクの先端は輝き、燈火を掲げて集まる商人、神官、そして王たちの行列。このナイルの流れを前にして演じられる宴は、一瞬の閃光と共に極彩色に輝き、私の瞼から消え去った。今は灼熱の太陽に蝕まれて「ルクソール」の廃墟がある。燭影に浮かび上がる霊塔、欄干をタンカで埋め尽くし、幾重にも重なる回廊の中庭で繰り広げられる仮面舞踏。キチュ河を見下ろし悠久に生きる「ポタラ宮殿」。

精緻な角楼を四隅に据え、瑠璃の甍の波で大地を抑え、その内に金漆を施した幡龍模様の玉座を世界の中心と定め、また支那墨の心地よい薫りに満たされた養心殿、そして薩満教の竈。陰欝な嵐の楽園「紫禁城」。いささかの脆弱さも見せないこれらの大建築物は私の神託である。私の東洋の細い眼の奥の印画である。

近代が私にもたらしてくれたものは、人間の諸権利と科学、正義と勤勉、鉄の箱に車輪を付けて、都会へ運ばれる幾百万の人の渦。近代はそして現代は、あらゆるものに「正確」というものを与えてはくれたが、正確に近づこうとする精神の厳密さを閉絶させてしまったように私には思えた。幾度となくこの臆綱を解こうともがいていた私は、突然工事現場の道化師として、その真っ只中へ躍り出た。そうして、夜を重ね、昼を重ねて絵を描いた。どこかに私の身元が見付かればと。私には多くの世界の幻影がすでに定着しているはずだと思った。西洋の衰弱した形式を、そしてその人びとが辿ってきたありとあらゆる古びた仕事をあますことなく引き受けよう。終焉を迎えた東洋の仕事をあますことなく引き受けよう。そして、それらの仕事にこそ私の東洋の細い眼の奥に印画した神託を念写するのだと。

黄河と揚子江の源、青蔵高原の花の海から談子の打合せにやってきた青年たち。30歳を越えてはじめて海を見たという。

北京の北の山間で、真っ黒な増子土を練る瑠璃瓦の職人たち。

煉瓦の図案をコンピュータで弾き出すロンドンの技術者たち。

鋳造のことならなんでも知っているハンツの職人たち。

たとえタクアンでさえも、食べ物という食べ物はなんでも美味しいというアイントホーヘンの技術者たち。私は彼らの国にはチューリップと風車があるだけだと思っていた。一番鳥の鳴くときに足場の上で大声を上げる萩生まれで二分刈の煉瓦工の親方。

北ウェールズ生まれの無口な彫刻家。

現代のミケランジェロといわれた画家。

アドリア海に臨むフリウリ地方のモザイクの職人たち。彼らはカトリック教徒だ。

バネのように歩き回る淡路島の名左官師。

遊び人で茶人の大和郡山の老指物師。

ボルドーの元ボクサーの石工。彼には確かにゴール人の血が流れているに違いない。

ラマダンになるとひとかけらのご飯も食べない口髭をたくわえたアルジェリア生まれのデザイナー。

大きな口髭を生やした金箔の職人。髭は刷毛の掃除のための道具であった。

赤いパンツのモロッコの男。

ビロードや絹の糸を操るフランスの娘たち。

パチンコの好きな寄木職人。

一度しか大笑いしなかった変なパリの寄木専門家。

痩せ細り、ロマン派最後のピアニスト、ホロビッツのような顔をした社長。自らホロビッツだと主張していた。

数え上げればきりがない。工事現場はおよそ職業という名の付いた人びとでごった返した。混乱、喧喋、無秩序、まだしも戦場の方が秩序正しかろう。次第に職種は混乱する。カーテンにミシンをかけるフランス娘たちの手は床の掃除のためのものとなり、社長は床に這いずって床磨き。配線工がシャンデリアを組む。左官は引越しのお手伝い。モザイク職人はタイル工に早変わり…私の幻影がどのようにしてこの地上にその姿を現したのかは今もってわかりはしない。そして私の身元も辿ってはみたもののわかりはしなかった。この異邦人でごった返した建築現場は出島であった。芸術家、技術者、そして職人たちが国へ帰る時がきた。私たちはいつもワインを前にささやかな宴を開いた。別れの時がきて涙を流さなかった人は少ない。

ある日私は中国の世界的な陶磁器の研究家で故宮博物院紫禁城出版社社長、李毅華より、国家の文明の伝統が失われていくことを嘆きつつも、美しいものは永遠に残るという手紙に添えて一枚の書を受け取った。それには、骨太い大きな二文字が書かれていた。「無極」と書かれていた。WUJIと発音し、極めれども極めれどもその先には何もない、という意味だそうだ。

守らなければならない街

◈『新建築』第六十七巻四号　一九九二年四月一日発行

「ん…ほっとしますね…この街を歩いていると」。ある青年が溜息混じりに私に語りました。青年は喧騒のロサンゼルスで音楽の仕事をしています。用向きがあって京都の祇園で待ち合わせをした折、少し時間がありましたのであたりを散歩していました。それはその時、ふと彼の口を吐いて出た言葉でした。私ははっと我に返ったのを想い出します。私はここ四十年間建築の設計に携わってきました。いつも新しい仕事に向かう時、なにか人々がすばらしいと思うような建築を実現しようとあれこれ画策をしてしまうのです。師匠の教えに従い表現過多にならないように、突飛な画策をめぐらさないように、自らに言い聞かせて仕事に臨むのですがなかなかうまくいきません。

青年に「ほっとしますね…」といわせたこの街をかたちづくっているのは単なる京都の町家という民家であります。今日いかに優れた建築家といえどもこの民家に匹敵する程の作品を生み出したものはありません。ごく普通の一般市民であるこの青年の「ほっとしますね…」という言葉は建築を考える時の原点だと私は考えています。

民家というものは長い年月をかけて繰り返し修正し失敗を重ねて欠点を改め美を重ねて、そして完成の域に達しているのです。長い時間をかけて民族の智恵を集積したものなのです。

一方私達が今日建設する現代建築は一応はその完成の姿を青写真や模型等で知ることは出来ますが、全貌を確認することは出来ません。もし失敗しても修正は難しいのです。次に建て直される時がやってきたとしてもまた新しい創造だといって全く異なった建築を造ってしまうのです。以前に建てた建物を修正して美を重ねるとか、欠点を改めてより完成に近付けることはしません。建築家達は画策をめぐらしては、他の建築家と異なるものを自由と自我の尊厳のもとに実現します。

二度と同じことをくり返すことはなく、一回限りで終わりになる創造性は一般市民と遠く離れた建築界という社会の中で賞賛を受けては消えてゆきます。このような状況の中で現代の都市は建設されています。東京や大阪をはじめとする日本の近代都市が分裂と狂騒に満ちて索莫なのは当然のことでしょう。思い出してください。同一の様式が無数にくり返され構成された日本の民家や集落の美しかったた事を。京都の町がかつて息をのむほど美しかったことを。私達はかつての美しさを再び取り戻すことができるのでしょうか。

歌舞伎役者は歌舞伎の形を踏襲することで芸を磨き、芸の形式の中で錬磨するといいます。決して異説を唱えることはできないのです。しかし、形を踏襲しただけではマンネリです。芸の真を見極めようと形を踏襲すれば、その踏襲した形は命を持ちはじめます。つまり踏襲が想像力をもつということの現れであり、これが伝統ということなのです。

私達の建築に於いても同じことです。美しい古典、創造の命を秘めた古典を踏襲することが、創造の道なのです。


医学の初級の本に記憶喪失の人は未来に希望をもつことは出来ないと明記されています。私達の街は記憶喪失の街になろうとしています。経済の発展は古い建物を取り壊し、新しい建物を建ててはまた取り壊し、まるで怒涛のようにこのことをくり返します。記憶喪失の街の出現です。どうしてこのような街の中から未来に希望のもてる創造的な建築や思想が生まれることがありましょうか。たとえ創造的な建築だと声高に言ってみてもそれは根のない花、すぐに枯れてしまいます。

一つの例をお話しします。イタリアにジェモーナという小さな町があります。一九七七年の地震で壊滅しました。彼らは再建にあたり地震に強い構造にしましたが、元の街路のままに建物をほぼそっくりそのまま復元したのです。なんという見識の深さでしょうか。彼らは元の街路を広げ新しい街路をつくり創造に満ちた近代的な高層建築をも建てることができたはずです。しかし彼らは街が変貌し記憶喪失になる事を避けたのです。街角での語らいも買物に通った小さな路地もすべて大切な記憶です。そしてそれらの集積がその街の文化なのです。

私達現代の建築家なるものは、様式建築を否定し古典を踏襲することを忘れ、評価することすらせずに新しい思想を打ち立てては主義主張をくり返し、定着することなくまた新しい思想に飛びつき、創造という名のもとに実験をくり返してきました。その結果が現代の都市の顔なのです。伝統の伝承を忘れ、この国の美の原型までも放棄してしまいました。今になって、美の原型を見つけだそうとしても訓練と精神の伴わない目には見えません。

例えば能やお茶や挿花の形式というものも踏襲をかさね、それを伝承して伝統的な形式として完成されたものです。これを習う時、私達はこの形式に従えばよいのです。下手な創造をするよりもこの形式は遥かに高い内容をもっています。建築も本当のことを言えばこんな風に造られた方が望ましいのです。誰も彼もが天才意識をもってもらっては困るのです。一つの型で一つの様式で都市が完成される時、あの青年をほっとさせた美しい街が出来るのです。世界中の美しい都市はこのようにして出来ています。

古い京都の街もこのようにして形成され、様式に導かれて完成された集落なのです。今日でもなお、情緒に満ち、私達に建築が何であるか、都市が何であるか、文化とは何であるかを指し示してくれています。私は幸運にもこの街で建築を学び、この街で日本美術を学びました。私達はまだまだこの街から学ばなければなりません。たくさんの古典を残すこの街は色々な破壊の画策から守られなければなりません。京都の街はこの国に於ける美と伝統と文化の最後の砦です。

目を閉じて想像してみて下さい。京都の街が木と土と石と瓦と紙で出来ていた時のことを。建築現場では大工が石工が左官が指物師が、今日私達の現場から遠くへ追いやってしまったたくさんの職人達が集まって仕事をしている光景を。そして出来上がっていく建物の美しく品格のあることを。

しかしこれが夢ではない街があります。イタリアのベニスではありとあらゆる新建材の使用が禁止されています。橋の手すり位ステンレスにすれば錆びなくて長持ちするのにと思いますがそれも許されていません。裏通りの工房でタンタンタンと鉄を叩く音が響きます。サッシをアルミニウムにするなどとはとんでもない話です。彼らはこのようにして美しいベニスを守っているのです。なんという見識でしょう。

今までお話ししたように京都は色々な意味で守らなければならない大切な街なのです。今日わずかずつでもこの景観を守ろうとする動きがあるのと同時に、この砦の一角を崩しにかかる動きもあります。個々の暴挙に関して言及はしませんが、胸に手をあて、冷静に考えてみて下さい。京都は京都だけのものではありません。この国のものです。市民の力やたくさんの知力ある人々によって、かつてのように美しい街を創出せねばなりません。取り返しのつかない事態になる前に。まだ手遅れではないのですから。

◈『京都仏教会会報』第七五号　二〇〇四年一月一日発行

描きたい街、魅力的な顔

私は近頃絵を描いています。昔のように建築の仕事があまり忙しくもないこと。そして少年の頃から絵を描きたいという願いをいつの日か叶えたいと考えていたこと。主にこの二つの理由によります。

今日は近くのデパートで《絵画の大蔵ざらえ》という催しがありましたので、眺めに行ってきました。

たくさんの本職といわれる画家の絵が所狭しと壁に吊るされていました。平日であることや、不景気のせいで館内にお客さんがまばらで、壁に吊るされた絵画の前を絵に何の興味もないかのようなデパートの店員があちらへふらふら、こちらへふらふら。私が絵を見ようと店員のほうへ進むと身をかわしながら少し会釈をして、またあちらへふらふら…。《絵画の大蔵ざらえ》すなわち大安売りというのは、通常時の価格と安売りの現在の価格が両方表示されていて、デパートが努力してどのくらい安くしているか表われておりとても楽しく眺めていました。どんなところでこのような価格がつけられているのか、そして安売価格はどのように計算されているのか、店員に質問してみたいと思いましたがばかばかしいから今日は止めました。

一方そんなときに、私の心の中をふと過ぎ去った映像がありました。それは、《絵画の大蔵ざらえ》の絵が買われて色々な人々の家の居間やオフィスの壁に吊るされ、なんの新鮮さをも発揮することなくただ絵が壁にあるだけという日本人の平均的な生活空間の色々な様子が壊れた走馬灯のようにカラカラと音をたてて頭の中で回っていました。そして私たちの家をすぐに出た外部の空間も質的にはまったくこれと同じものです。

そのままもう少し出た都市の空間もそんなに変わりはなく私の頭の中でカラカラと回っています。レガートのなめらかさはなくすべてがスタッカートのよせあつめで、一つひとつの音がどこから来たのかまったくわからないというありさまです。貴方の街もそうですか。貴方の住んでいる街はヘンリー四世がつくり、ターナーは好んで貴方の家のすぐ先の谷を描き、マネやモネもつい先日その谷でセーヌにかかる橋や川遊びを描いていましたね。今では橋はかけかえてありますが昔のままです。ドビッシーは貴方の家のすぐ先で生まれましたね。絵も音楽も街も生活も、季節でさえレガートで結ばれているようです。リラの花の咲く頃は貴方の街で過ごしたいと考えています。貴方の街でもこの冬は二〇世紀から二一世紀へ静かに移っていきましたか。

去年はミレニアムといって少し街はさわいでいましたね。私の国ではテレビも街の書店のはなさきにも『二一世紀のキーワード』等という言葉が氾濫しています。私はこのキーワードという言葉がとっても嫌いです。私は物事を一つの言葉でくくろうという精神が嫌いなのです。

先日テレビでテロリズムに関してニューヨーク、カイロ、東京と学生による三元中継の討論会が放送されていました。ニューヨークの青年が「民主主義というのはアメリカが最も進んでいてこのシステムを世界の人々が学んで習わなければならない」と主張していたのです。この青年のレベルの低さに驚きを禁じえませんでした。その青年の表情はいきいきとして、顔にはなんの翳りもありません。唯一の覇権国であるアメリカのこの青年は物事を客観的に見るということができなくなっているのではないでしょうか。私は背筋が凍りつくような想いをしました。この青年もきっとキーワード的発想の教育を受けたのではないでしょうか。

私は二〇世紀を半分以上生きて来たのにいまだにどのような時代であったか理解できないでいます。二一世紀のキーワードなんてとんでもない話です。世の中は先へ先へ話を進めて操るのが好きなようですが、私にはあまり興味がありません。私はまだ頭の中でカラカラと音を立てて回る走馬灯の映像をなんとか少しでも良いものにしたいという希望をもっているからです。私の住んでいる街は貴方の街のように絵に描きたいというような街ではありません。

絵にもならない街なのです。最近絵を描くようになって感じたことなのですが、正義の味方であるアメリカのブッシュ大統領と、悪の権化ビン・ラディンの顔を特にテレビで見るようになりました。私はなんの理由もなく素直にビン・ラディンのほうは絵になるけれども、ブッシュ大統領のほうは描いてもあまり面白くないなと考えています。このことは描きたくない街と描きたい街の話と呼応しているのではないかと考えています。これは単なる私から見たエキゾチシズムの問題ではありません。

街の風景も人の顔も説明しがたく人を引き付けて離さないなにかをもっていることがあります。きっとそこには私が今まで知らなかった、そして、私には説明することのできない別の〝正義〟なるものがひそんでいるのではないだろうか？　こんなふうに近頃なにか矛盾に満ちたとりとめもないことを考えています。このへんで少し休んでキャンバスに向かうことにします。

◈『水脈』第十六号　二〇〇二年二月二十八日刊

今、建築界に時代を開く水脈は流れているか

この国では今年の春、桜の花が例年になく早く咲き、慌ただしく散って逝きました。あっという間の出来事でした。京都の祇園に白川という川が流れています。その小さな川にたつみ橋という橋が架かっています。桜のころになると、その川縁の枝垂れ桜は夜間に照明があてられ、とても静かな色香が漂っているのです。

ある日の夕刻、私はたつみ橋を渡ろうとして、大変驚きました。橋の上から川縁までカメラをぶら下げたたくさんの観光客で溢れんばかりでありました。川縁の桜やたつみ橋を背景にして写真を撮っているのです。現在、京都は観光都市ではありますが、なぜこんなにもたくさんの人がこんな所に集まるのでしょうか。もっと美しい桜の風景がこ

の国中に溢れているというのに…。

私は何かあればすぐに人が集まり群集となっていくこの状況が好きではありません。このような状況はこの国の建築の世界にもあてはまっているような気がします。建築界は徒党を組んで…イズム、ポスト…イズムと建築の主義主張を声高に展開しますが、パッと花咲いては、パッと散ります。桜は毎年同じ花が咲いては散っていくのですが、建築界は毎年異なった花が咲いては散るのですから驚きです。

特に最近の建築には感じるものがますます少なくなってきています。社会全体が建築を創るという業務を単なる物品生産くらいにしか考えない風潮があります。少し郊外にでてみると、今日でも、宅地開発がどんどん進められ分譲地がたくさんできています。そしてしばらくしてその辺りを再び訪れると、驚くなかれ、各々の分譲地はいろいろなプレハブ住宅メーカーの製品で、埋め尽くされているではありませんか。いたるところで見受ける、この国の少し恵まれた人々の住環境であります。この住環境を目の当たりにし、もっと良い生活環境ができるのにと思いつつも、今日まで何もなし得なかった私自身に対し、ある腹立たしさを感じるのであります。日本中がいろいろなプレハブ住宅メーカーの製品で埋め尽くされていくのでしょうか。建築家は、一体何をしてきたのでしょうか。大正から昭和の初めにこの国に建てられた、たくさんの街の長屋や郊外住宅のほうが、遥かに文化的に良質だと、私は感じています。

先日、総理大臣官邸が完成しました。技術的には上手にできているでしょう。これからこの国の政治問題が世界に紹介される時、必ず現れる、国を代表する建築映像になるのでしょう。だからどうだというわけではないのですが、あまりにも、建築としてくだらなさすぎるのではないでしょうか。最近、文部科学省は創造的な人材の育成のために、知的文化人たちを集めて、新しい教育のプログラムを作成して国中に公布したようですが、国そのものが、このように、文化的意味も、創造的意味をもたない総理大臣官邸を建設してほくそ笑んでいるようでは、推して知るべしであります。どなたもあの建造物がつまらないものであることを感じておられないということに対して驚いてしまいます。

今日私たちは、たくさんの公共建築物を訪れます。私はその中に何の意味もない無駄な空間や、無駄な表現が多くあるのを知っています。その意味のない膨大な容積を膨大なエネルギーを使って、冷やしたり、温めたりしているのです。大衆はあまり気にしていないようですが、このエネルギー代はすべて私たちの税金でまかなわれています。また、意味のない表現に費やされた建築費もそうです。こんなことが起きるのは、担当建築家に能力がないことと、公共建築物がプログラムされる時に役人が本当の内容に無関心であることからきています。そして知的文化人と役人たちは、地球温暖化の問題をこんな建物の中で論議しています。なぜか書き出すと、悲観的なことばかりが頭の中に浮かんできて困ったことです。不況になれば少しは考え方も変わって、新しい時代の切り口でも見つかるのかと期待をしてみるのですが、どうもそのような兆候は感じられません。

　しかしちょっと待ってください。たしか、画家のギュスターブ・モローはロマン派の絵画が終わりに近付いたころ、たくさんの評論家が、絵画は終わってしまったと囃し立てる中で、これから絵画が始まるのにだれも分かっていないと話したそうです。モローの弟子からやがてルオーが生まれ、マチスが生まれ、マルケが生まれました。建築界のどこかに、このような〈水脈〉が流れているのでしょうか？

◈『水脈』第十七号　二〇〇二年五月三十一日刊

マチスピカソ

　秋、パリ、シャンゼリゼ通り、枯葉、お決まりの景色です。その向こうにグランパレが佇んでいます。今そこで、〃マチスピカソ〃という展覧会が開催されています。マチスとピカソはご存知のとおりモダンアートの双子の巨人であります。この展覧会は、ロンドンのテートギャラリーで始まりました。今、パリで開催され、来年にはニューヨークへ移動します。パリでは、大変人気のある展覧会です。毎日、長蛇の列がグランパレの外の公園にまで広がっています。

　この展覧会の特色はマチスとピカソ展ではなく、〃マチスピカソ〃という展覧会であることです。すなわち、マチスピカソという一人の画家がいたと考えてください。そしてその画家の個展が開かれているというわけです。このマチスピカソという画家はモダンアートを進め、あらゆる実験を試みて、本当にすべてのことを実現してしまいました。あとにはもう何も残っていないという感じです。まるで、建築家のル・コルビュジエが現代建築のすべての表現をやりつくしてしまったというふうな内容です。しかし私は、どんなに小さなスケッチでも、これはピカソ、これはマチスというようにすぐに分類できるぐらい、二人の個性の違いを知っています。会場内でもすぐに二人を分類してしまい、それらのスケッチや絵にまつわるエピソードをすぐに思い出してしまうのです。ですからどうしても私には、マチスとピカソ展ということになってしまいました。

マチスとピカソの書物はたくさん出版されています。二人の関係や面白いエピソードもたくさん語られています。しかし、芸術論に関して語られている書物はピカソのほうがマチスよりはるかに多いのです。書店に行けば一目瞭然です。これはたぶんピカソの絵はマチス以上に論理的で構築的であり、そして実験された色々の要素がはっきりと画面に残されているために、評論家には読み取りやすく、説明しやすいからだと考えています。

子供の頃、母に連れられて日展や院展を毎回観に行きました。ある日、ピカソの展覧会へ行ったのですが、これには心から感動を覚えました。こんな絵のどこが良いのかと興味を示さない人もたくさんいましたが、ピカソの絵をみて、初めて画家というものは素晴らしいと何となく羨ましく感じたことを思い出します。

その頃マチスだけの展覧会にでくわす機会はなく、何かの展覧会に混じってマチスの絵が出てきても、ピカソの絵のように心を突き動かされることはありませんでした。そんな頃、主に聴いていた音楽は、バルトークやハチャトゥリアンやストラビンスキーの曲で、ピカソの絵と同じような感動を覚えていました。

それから何十年も経って、ある日マチスの展覧会を観に行きました。そして、なんと素晴らしい画家なのだろうとマチスのことを考えるようになりました。それ以来、マチスの虜になり、マチスの絵を探しては美術館へ行くようになったのです。それと同時にピカソの絵については、以前ほど観たいという想いが薄れていきました。この頃にはバッハやハイドン、モーツァルトやベートーベンも好んで聴くようになっていました。

人間の好み等というものは、年齢と共に変化するものだなぁと近頃感じています。神代雄一郎氏が生前、ある会合で、最近ようやく靴下よりも足袋のほうが体にぴったりと合って心地良い、と話しておられました。人というものは、体や頭の中や心の中が、年齢と共に変化していくということを感じさせる話でした。それも自分自身の持っている原形へ向けて、変化していくのだと感じられたのです。私は若い頃ピカソが好きでしたが、次第にマチスのほうが心にぴったりとして、心地良い心の衣となったのです。

絵に描かれているすべてのもの、人間やテーブルや椅子や衣類や空や大地や草花や金魚鉢や首飾りに至るまで、温かい血が流れているような気がします。画面に現れたマチスの温かい慈しみに陶酔するばかりです。そしてマチスが試みた絵画におけるたくさんの実験は遠くへ押しやられていて、説明を聞かされるまでは解らないのです。一方、若い頃衝撃を受けたピカソの絵画たちは、その絵画やスケッチの一つひとつの中にピカソがいて絵画とはこのようなものであるという鋭い眼差しでこちらをにらみ付けているようです。

年をとると、そんな感じがとてもしんどく思えてなりません。展覧会を観終えてグランパレの外に出ました。シャンゼリゼ通りの公園は落葉が敷き詰められており、街路樹は風に揺れながらその大きな葉っぱをサラサラと散らしていました。公園を歩きながら、ふと建築についても同じようなことが言えるのではないかと考えていました。セーヌ川沿いには、たくさんの現代建築が立ち並んでいます。それぞれの現代建築は、ある思想や方法論によって現代の美を表現しているのだと思います。そして建築家がそれぞれの建物のそばにいて、これこそが現代思想と現代技術に基づく偉大なる成果だと叫んでいるようで、そのことが訪れる私に疲れを感じさせるのです。

心安らぐマチスのような現代建築はどこにあるのでしょうか。このマチスとピカソというモダンアートの双子の巨人は互いに切磋琢磨しながら芸術を切り拓いてきたわけですが、ピカソは「美を求めて突き進み、突き進んでやっとのことで至ったその先に、いつもマチスがいた」と語っています。十歳年下ではありますが、不滅のピカソをして、このように言わしめたマチスは人間として、本当に大きいのだと思います。

◈『水脈』第十九号　二〇〇二年十一月三十日刊

なくしてはならないもの

南の島。まっすぐに白い砂浜が続いています。静かな青緑の海は、キラキラと朝の陽射しを受けてダイヤモンドのように輝いています。その水平線は、コバルトブルーの空へと繋がっています。

「スミマセン！　シャシントッテクダサイ！」突然、若々しい声が響きました。カメラをぶらさげて、五、六人の十代の少女たちが波打際の浅瀬で、一列に肩を組みながらこちらを向いてさけんでいるのです。私の友人はカメラを受けとりながら、「何処からきたの？」と尋ねました。「ハーアー？　ハハハハハハー！」明るい笑顔が返ってきました。

時代に合ったカラフルな衣装。キラキラ輝く眼差しは強い陽射しとからみあいながら、私たちのほうへ水晶の粉をまきちらしたように跳ね返ってきたのです。友人は再び聞きました。「何処の出身ですか？」「ワタシタチー、タイワンカラキマシタ！」友人も私も心の中で「エッ！」と叫びました。友人は、「イヤー上手、上手！　トッテモ日本語ガジョウズデスネー」と言いながらシャッターを切ると、少女たちは、「マダスコシダケシカシャベレマセン！　ハハハハハハ！　アリガトウ！」と明るく笑いながら去って行きました。

私たちはしばらく世間話も止めて、強い朝の陽射しを感じながら再び海岸を歩き始めました。私は彼女たちの目の輝きの中に希望や未来、幸せが濁ることなく存在していると事実感じたし、感じたかった。この子供たちは、かつて日本が日清戦争以降の敗戦まで占領していた国の人々です。今、私は日本から遠く離れた南洋の島にいます。この輝くばかりの太陽の下で太平洋戦争中、日米が激しく交戦をしました。両軍のたくさんの兵士たちはこの海のむこうの祖国を、家族を、友人を想いながら無念をいだいて死んでいきました。

私のいるこの場所のすぐむこうには、最新の近代兵器を保有する米国の陸海空軍がいつでもどこへでも出動できる体制で息をひそめています。終戦後、もう六十年もたとうとしている今、私たちの国はイラクに出兵をします。立派な政治家は大義があるから正しいといい、ある者は大義がないから出兵に反対だという。大義があろうとなかろうと、出兵に反対という理論はないものか。

かつて私のところに、中国の青海省から二人の青年がやって来ました。彼らは上海に到着して初めて海をみたそうです。彼らは三十歳になっていました。そのときの彼らの目が台湾の少女たちの眼差しのように輝いていたのを思い出します。私が心から信じていることは、こんな輝きだけです。まったく位相の異なる想いが頭の中を駆け巡り混乱をきたしていますが、感じた断片を書きとめています。

ところで話は飛びますが、人間は今日までずっと毎年穀物を育て収穫をして、それを食べて生きてきました。人々にとってこれは信じられないくらいの感動であり、驚異に値するものです。今日、穀物はスーパーマーケットの棚にあるものと考えられています。この穀物には感動を覚えません。穀物を前者のように捉えていた時代は、それに伴ってたくさんの儀式が生まれ、たくさんの行事が執り行われました。人々は喜び悲しみ、真剣になりました。そのような中から生まれる思想は信じることができます。後者の穀物の主要な課題はその価格だけです。そこに生まれる思想を私は信ずることができません。

車の装備にカーナビゲーションというものがあります。行き先を教えてくれるので、宅配の人々にはとても便利です。普通の生活者には必要ありません。こんな小さな日本の道路くらい覚えればよい。覚えられなければ、道行く人に尋ねればよい。そのために、教育は道の尋ね方を教えなければなりません。そして道の教え方を教えなければなりません。またお礼の言い方を教えなければなりません。

大阪では、「スミマセン？」「スミマセン！　南船場一丁目、ドナイイッタラヨロシオマンネン？」「マッスグイキハッテ未吉橋渡ラント、左へ行キハッタラヨロシイネン！」「オオキニ。スンマセン！」これで終わりですが、街になんか血が通っています。

この会話には沢山の思想と文化を感じます。ほとんどの人が携帯電話を持っています。大変便利です。しかし私から留守をすることを取り去りました。昔、小説で読んだことがあります。「〇〇先生を訪ねるとお留守でした。たぶん近所の碁会所にでも出掛けておられるのだろうと思い帰りました」。なんとも思いやりのある訪問者ではありませんか。人に対してこんなにもデリカシーのある人がいたのです。

このような人の思想を聞いてみたいと思います。本当に感じること、信じれること、人の血がまこと通っていること、こんなことが基本にあって生まれてくる思想でなければ私たちを幸福にすることはできません。さぁ、携帯電話を捨てて、ナビゲーションを捨てて、できればお米を自分で育てて、霧隠の才蔵の所へ行って忍術を習おう。そして戦争をしなくてよい理論を学ぼう。

◈『水脈』第二十四号　二〇〇四年二月二十八日刊

どうすりゃあいいんだ

網の目のようにはりめぐらされた電線、その下に家々があり、その下に街があります。感心しない景色です。いつも通勤電車から眺めている当たり前の景色であります。電線のないところは野原か畑です。日本国中どこにでもある仕方の無い景色として私は諦めています。

福島第一原発での事故が起きていろいろな事が分かる様になってきました。その一つに電力会社というものは街を美しくしようとするための努力をまったくしないのだという事もあります。

かつて、十軒ぐらいの住宅のミニ開発をした事があります。この小さな開発の景色の中に電柱と電線をなしにしようと考えました。その時、電力会社と電気管理会社から猛反対を受けたことを思い出します。数年前、京都祇園の花見小路の電柱と電線がなくなりました。とても心地良い景色に戻りました。

さて、最近、前川國男設計の京都会館の改修ないしは改築とか、旧大阪中央郵便局の取り壊しなどが話題になっております。近代において、開発と保存の問題が度々問われています。村野藤吾設計の松寿荘は静かに解体されました。大阪中之島の旧地方裁判所(洋式建築としては中之島中央公会堂よりも質の高い建築だと思います)も何の騒ぎもなく解体されました。いずれも建築の一級品であります。これからも若い建築家の設計した建物がいずれこのような憂き目に合うのでしょうか。

私達にとって建築のお手本となるような一級の建築物が次々と取り壊されていき新しい建物にとってかわられるのは資本の論理に従っていて仕方の無いことなのでしょうか。それならばどんどん取り壊して今の資本の論理に当てはまる建物を建てればよいでしょう。しかし忘れてはいけないことがここにあります。この日本に近代建築の精神を根付かせ、育み、より高い精神の近代建築を実現しようとした諸先輩方の建築作品はこの日本から消え失せてしまいます。

それは近代建築の記憶喪失という事にあいなります。記憶喪失という事は未来に対して希望をもつことができないという事を意味します。従って、この国の近代建築は欧米のコピーに明け暮れ、ファッション化するでありましょう。今日でさえ、既にその傾向がみられます。

白井、前川、大江、大谷、岩本氏等の某同人として、私は感じていたことを少し申し上げたい。ここに上げた同人達は人間ですから当然肉体も年々衰えていく小さな小さな存在であります。しかしながら、その精神は歳とともに強く広大で、大袈裟に言えば全宇宙を構築するというような精神を所持していたということです。そのような精神のもとに建築を実現していたからこそ、その建築には広大な世界観があり、見る私達に共感を与えるのであります。すなわち、芸術になっているということです。そして、そこには美があるということです。

私は今年も元気な彫刻家流政之氏の誕生日に高松にまいりました。ここで、毎年私は丹下健三の香川県庁舎を訪れます。この度は低層棟の修復中でした。ここには一級品のもつ大きな世界観と美があります。前川國男の京都会館も一級品の気品に満ちあふれています。二つの建物は行政の見解の違いで、一方は修復や復元に努め、一方は一部解体新築というちんけなかたわが生まれようとしています。

私が申し上げたいのは人というものは、とても小さな存在ですがその精神は途方も無い世界観を構築できる動物だということです。そのような人々の生み出したものは、大海のような広さがあり、大湖のような静けさがあります。それが芸術というものです。そのような芸術を気楽に解体したり加筆したりするこの国の文化的教養の低さを悲しく思います。

ここでもう一つ付け加えたいことがあります。もしこれらの建築を建築界の人々が本当に一級品と認めるなら、行政や事業主がこのような行動に出る前に建築家協会や建築士会が学識経験者とともに、日常的な啓蒙活動を行い、文化庁なりに正しく理解させる努力をせねばなりません。名建築解体のような事態が発生すると、どこからともなく学者さん達が現れシンポジウムを開くという、実に心ある人々の付け焼き刃的な活動が始まります。ほとんどの場合、遅きに失します。

医者は医療ミスによって人命を奪う事件が起きても、全医師に対して厚労省は、医師免許の講習は行いません。建築士は姉歯事件以来、全建築士は国交省により講習を受けさせられます。この国の建築家は国によって随分馬鹿にされています。そしてその国が、原発事故に関してこの体たらくです。一体全体どうすればいいのでしょう。

◈『水脈』第五十二号　二〇一二年四月二十五日刊

年表

西暦	和暦	年齢	経歴	業績・作品		受賞
1941	昭和16	0	9月4日大阪府池田市に生まれる			
1942	17	1				
1943	18	2				
1944	19	3	母方の実家である鳥取県西伯郡大高村に疎開、その後豊中に戻る			
1945	20	4				
1946	21	5				
1947	22	6				
1948	23	7				
1949	24	8				
1950	25	9				
1951	26	10				
1952	27	11				
1953	28	12	豊中市立第五中学校入学			
1954	29	13				
1955	30	14				
1956	31	15	豊中市立第五中学校卒業 大阪府立豊中高等学校入学			
1957	32	16				

1958	33	17				
1959	34	18	大阪府立豊中高等学校卒業			
1960	35	19				
1961	36	20	京都工芸繊維大学工芸学部建築工芸学科入学			
1962	37	21				
1963	38	22				毎日工業デザイン　学生賞
1964	39	23				
1965	40	24	京都工芸繊維大学工芸学部建築工芸学科卒業 竹中工務店入社			
1966	41	25	塚本文枝と結婚			
1967	42	26	長男誕生			
1968	43	27				
1969	44	28	長女誕生	阪急三番街 川の流れる街 基本計画	大阪市北区芝田1丁目1-3	
1970	45	29				
1971	46	30	次女誕生	ロンシャン第1ビル	京都市山科区［改装されて現存］	
1972	47	31		泉北ニュータウンコンペティション		
1973	48	32				
1974	49	33				
1975	50	34	SOM・サンフランシスコ事務所勤務			

西暦	和暦	年齢	経歴	業績・作品		受賞
1976	51	35	アメリカから帰国	ロンシャン第2ビル	京都市山科区［現存せず］	
1977	52	36	『風声』の同人に加わる	有馬邸		ニューヨーク近代美術館フィルムライブラリー永久保存作品選出（ロンシャン第2ビル／有馬邸）
1978	53	37				
1979	54	38				
1980	55	39				日本建設業協会賞＝BCS賞（神戸松蔭女子大学）
1981	56	40		神戸松蔭女子大学　六甲キャンパス	兵庫県神戸市灘区篠原伯母野山町1丁目2-1	
1982	57	41	パリ・バスティーユオペラ座国際コンペ入選	長瀬産業株式会社 大阪本社ビル 新館	大阪市	
1983	58	42		阪急学園 池田文庫	兵庫県宝塚市	
1984	59	43				
1985	60	44	永田・北野建築研究所設立	クラボウ本社ビル 三基商事 東京支店 珠海SEZ国際コンペティションSecond Prise受賞―中国 珠海	大阪市 東京都渋谷区	大阪府知事賞／ひろば建築賞（阪急池田文庫ビル）
1986	61	45	『風声』廃刊	光世証券京都ゲストハウス 熊本電子ビジネス専門学校	京都市左京区 熊本市中央区九品寺2丁目2-38	

1987	62	46	『燎』が発行になり、同人に	熊本電子ビジネス専門学校 増築		日本建設業協会賞＝BCS賞／中部建築賞／富山県都市景観建築賞（富山源新保工場）
				別府商工会議所	大分県別府市［現存せず］	
				富山 源新保工場	富山市南央町37－6	
				萩原大阪支店ビル	大阪市［現存せず］	
				ホテル白菊大浴場増築	大分県別府市上田の湯町16－36	
1988	63	47		上野邸	大阪市天王寺区	大阪市都市景観建築賞／ひろば建築賞（ジオン商事安治川配送センター）
				ジオン商事安治川配送センター	大阪市安治川1－1－17	
1989	平成元	48		倉橋写真館	大阪市中央区瓦屋町1－14－2	
1990	2	49		ネッツトヨタ大阪寝屋川バイパス営業所	大阪府寝屋川市［現存せず］	
				大分の家	大分県別府市	
				豊田邸	京都市	
1991	3	50		ホテル 川久	和歌山県西牟婁郡白浜町3745	
				ネッツトヨタ大阪玉出営業所	大阪市西成区南津守7丁目4－21	
				丸三ビル	大阪市中央区西心斎橋2丁目7	
1992	4	51		ホテル萬象閣	佐賀県嬉野市嬉野町大字岩屋川内甲114－1	
				ネッツトヨタ西田辺営業所	大阪市阿倍野区西田辺町2丁目11－2	
				光世証券市川独身寮	千葉県市川市	
				浄土寺の家	京都市［現存せず］	

西暦	和暦	年齢	経歴	業績・作品		受賞
1993	5	52		六麓荘の家	兵庫県芦屋市六麓荘町	第6回村野藤吾賞（ホテル川久）
1994	6	53		日本電通建設本社ビル	大阪市港区磯路2丁目21-1	日経ニューオフィスデザイン賞（JA大垣ふれあいセンター）
				JA OGAKI グリーンパーク	岐阜県大垣市東前町955-1	
				ルネス金沢リゾートロッジ	石川県金沢市［現存せず］	
				ルネス金沢アミューズメント	石川県金沢市［現存せず］	
1995	7	54	『燎』廃刊	豊田愛山堂	京都市東山区祇園町北側277	
				サイセリア宇治	京都府宇治市宇治半白611-0021	
1996	8	55		源伝承館	富山市南央町37-6	
				神戸市松本ビル	兵庫県神戸市	
1997	9	56		神戸老健施設静耕	兵庫県神戸市兵庫区塚本通3丁目1-7	
				南青山巽邸	東京都	
				源黒部インター店	富山県黒部市荻生4081	
				クマリフト本社ビル	大阪市西区京町堀1丁目12-20	
				長浜泰豊増築	滋賀県長浜市口分田町	
				猿渡医院	大阪市福島区大開1丁目2-4	
				ネッツトヨタ東大阪営業所	東大阪市荒本1丁目2-1	
				六麓荘巽邸増築	兵庫県芦屋市六麓荘町	

1998	10	57		大普メゾネ北山通	京都市左京区松ケ崎雲路町12-1	
1999	11	58		小浜高井邸	福井県小浜市	
				千本ハウジング計画	京都市	
				TAKETSU伊丹南野計画	兵庫県伊丹市	
				光世証券兜町ビル	東京都中央区日本橋兜町9-9	
2000	12	59		神戸電子専門学校北野館ソニックホール	兵庫県神戸市中央区北野町1丁目1-6	
				宝塚花のみち再開発	兵庫県宝塚市栄町1丁目	
				パレシェール芦屋東山	兵庫県芦屋市東山町16	
				光世証券本社ビル	大阪市中央区北浜2丁	
				AUTOPIA PAVILION	兵庫県芦屋市	
2001	13	60				
2002	14	61		ピカソ美化学研究所本社ビル	兵庫県西宮市池田町9-20	兵庫県まちなみ景観賞／宝塚まちなみデザイン賞（宝塚花の道再開発）
				八木邸	兵庫県加古川市	
				茂山邸	京都市	
				大一ホール 改修工事	大阪市西成区太子1-1-2	
2003	15	62		ネッツトヨタ六万寺営業所	東大阪市下六万寺町3丁目6-33	
				野中邸	大阪府泉南市	
				森ノ宮医療学園1期	大阪市東成区中本4丁目1-8	
				北大路の家	京都市	
2004	16	63		御所南ビル	京都市中京区昆布屋町394	
2005	17	64		ピカソタワー銀座	東京都中央区銀座1丁目16-3	

西暦	和暦	年齢	経歴	業績・作品		受賞
				西大津ドリーム	滋賀県大津市茶が崎5-17	
				瑞雲庵	神奈川県足柄下郡箱根町1245-170	
				佐川印刷日野工場	滋賀県蒲生郡日野町北脇120	
2006	18	65		府中縄文の湯	東京都［現存せず］	
				フラココ第8ビル	東京都［現存せず］	
				マークス夙川スティーレ	兵庫県西宮市松園町8-26	
				ふじやま温泉	山梨県富士吉田市新西原4丁目17-1	
				佐川印刷株式会社滋賀支店	滋賀県栗東市小柿8丁目1-3	
2007	19	66	永田建築研究所設立	森ノ宮医療大学	大阪市住之江区南港北1丁目26-16	
				旅亭紅葉 湖彩	滋賀県大津市［現存せず］	
2008	20	67				
2009	21	68		熊谷邸	大阪府豊中市	
2010	22	69		森ノ宮医療大学 食堂棟	大阪市住之江区南港北1丁目26-16	
				下鴨の家	京都市	
				森ノ宮医療学園アネックス校舎	大阪市東成区中本2-5-41	
2011	23	70		森ノ宮医療大学 看護棟	大阪市住之江区南港北1丁目26-16	

2012	24	71		祇園 ゆたか	京都市東山区祇園町南側四条花見小路下ル四筋目東入ル	
2013	25	72		祇園 たつみはし	京都市東山区八坂新地清本町371番地4	
				JLS本社ビル	京都市中京区仁王門突抜町325	
				クマリフト彩都研修開発センター管理棟	大阪府茨木市彩都あさぎ7丁目2-6	
2014	26	73				
2015	27	74		仁和寺の家	京都市	大阪ランドスケープアワードみどりのまちづくり賞（クマリフトR&D　センター）
2016	28	75		森ノ宮医療大学 新学科用校舎	大阪市住之江区南港北1丁目26-16	
2017	29	76				
2018	30	77				

年表作成＝永田建築研究所　嶋 崇人

2nd
▽Floor
2000
KAZARI DANA
床 FLOORING or CERAMIC TILE?
Ceramic tile.
LIVING. CORNER of FIRESTOVE
ガラスペイン

ある住宅

著者紹介

永田祐三…ながた・ゆうぞう…

1941年 大阪府生まれ
1965年 京都工芸繊維大学工芸学部建築工芸学科卒業、竹中工務店に入社
竹中工務店在籍中の1975年から1年間SOMサンフランシスコ事務所に勤務
1985年 北野俊二と永田・北野建築研究所を設立
2007年 永田建築研究所設立

[取材協力]
瑞雲庵

[モノクロ写真提供]
永田建築研究所

[年表作成(P82–89)]
永田建築研究所　嶋 崇人

建築家とは 1

永田祐三の直観力

2019年2月28日　初版第1刷発行

著者……永田祐三
発行者……企業組合 建築ジャーナル　小田保彦
〒101-0032 東京都千代田区岩本町3-2-1 共同ビル4F
TEL 03-3861-8104　FAX 03-3861-8205
URL: http://www.kj-web.or.jp/

編集……西川直子
雨宮明日香

写真……井上 玄
ブックデザイン……鈴木一誌＋吉見友希
DTP……桜井雄一郎
校閲……岩田敦子
印刷・製本……倉敷印刷株式会社

定価はカバーに表示されています。
©永田祐三　ISBN978-4-86035-111-3